文化创意产品设计及其发展研究

沈黎萍 ◎ 著

图书在版编目（CIP）数据

文化创意产品设计及其发展研究 / 沈黎萍著 . -- 北京：中国书籍出版社，2023.12

ISBN 978-7-5068-9785-3

Ⅰ.①文… Ⅱ.①沈… Ⅲ.①文化产品—产品设计—研究 Ⅳ.① G124

中国国家版本馆 CIP 数据核字（2023）第 245786 号

文化创意产品设计及其发展研究

沈黎萍　著

图书策划	成晓春
责任编辑	李　新
封面设计	博健文化
责任印制	孙马飞　马　芝
出版发行	中国书籍出版社
地　　址	北京市丰台区三路居路 97 号　邮编：100073）
电　　话	（010）52257143（总编室）（010）52257140（发行部）
电子邮箱	eo@chinabp.com.cn
经　　销	全国新华书店
印　　刷	天津和萱印刷有限公司
开　　本	710 毫米 ×1000 毫米　1/16
字　　数	190 千字
印　　张	11.5
版　　次	2024 年 8 月第 1 版
印　　次	2024 年 8 月第 1 次印刷
书　　号	ISBN 978-7-5068-9785-3
定　　价	76.00 元

版权所有　翻印必究

前　言

　　文化创意产业是21世纪最具发展潜力、最具生命力的朝阳产业之一。随着新一轮高校产品设计学科建设的不断推进，文化创意产品成为此次大潮中的一股重要力量。文化创意产品是指基于历史文化资源，利用创新理念和技术手段开发出的各种基于传统文化的再设计产品和文化服务。当下创意浪潮强调文化艺术对经济的支持与推动作用，创意产品对人们日常生活的影响正日益加深。比如无论是精彩纷呈的游戏动画、旅游纪念品、手机视频，还是体现个性的网络平台等，都会对人们的文化、体验、创意、审美等造成影响，这就需要越来越多兼具创意与技术的人才来增强产品实用性、审美价值、文化内涵。

　　文化创意产品是现代社会全球化的标志性产品，也是知识经济的核心内容。文化创意产品不仅能够对一个国家的经济、政治产生影响，它还是一个民族乃至一个国家的文化意蕴的体现。在当前社会中，文化创意产品已经出现了国际性企业和跨国生产，其已然成为全球经济增长的重要部分。伴随着时代的进步、科技的发展，当今世界已经迈入新媒体时代。在如今以数字信息为主体传播媒介的信息化世界中，人们获取信息的方式已经发生了翻天覆地的变化。信息的载体不再只是纸媒与电视，现在信息的传播更是依托于网络传播等方式。也正是由于现在的新媒体背景，文化创意产品以及文化创意产业迎来新的生机。在信息传播速度飞快的时代，文化与文化之间、创意与创意之间产生了更多的碰撞，也进行了更深入的交流，这意味着文化创意产品的发展进入了崭新的阶段。

　　本书共五章。第一章是文化创意产品相关理论概述，介绍了文化相关概念及其发展历程、创意的相关概念、文化创意产品的界定、分类和功能以及文化创意产品的创新要素；第二章为文化创意产品设计的要素分析，具体包括字体要素、图形要素、色彩要素、视觉流程及编排要素；第三章是文化创意产品设计的创新技巧，包括文化创意产品设计的步骤以及文化创意产品设计的技巧与创新；第四章是各类文化创意产品设计，分别介绍了校园文化创意产品设计、动漫文化创意产品设计以及旅游文化创意产品设计；第五章为新时代文化创意产业的发展，包括数字技术与文化创意产品的创新、移动互联网技术对文化创意产业的影响、新媒体艺术与文化创意产业的融合互动，以及新媒体时代文化创意产业的媒介营销趋势。

  在撰写本书的过程中，作者得到了许多专家学者的帮助和指导，参考了大量的学术文献，在此表示真诚的感谢。本书写作力争内容系统全面，论述条理清晰、深入浅出，但由于作者水平有限，书中难免会有疏漏之处，希望广大同行及时指正。

沈黎萍

2023 年 8 月

目 录

第一章 文化创意产品相关理论概述 ... 1
- 第一节 文化相关概念及其发展历程 ... 1
- 第二节 创意的相关概念 ... 16
- 第三节 文化创意产品的界定、分类及功能 ... 31
- 第四节 文化创意产品的创新要素 ... 41

第二章 文化创意产品设计的要素分析 ... 43
- 第一节 字体要素 ... 43
- 第二节 图形要素 ... 44
- 第三节 色彩要素 ... 47
- 第四节 视觉流程及编排要素 ... 51

第三章 文化创意产品设计的创新技巧 ... 56
- 第一节 文化创意产品设计的步骤 ... 56
- 第二节 文化创意产品设计的技巧与创新 ... 62

第四章 各类文化创意产品设计 ... 70
- 第一节 校园文化创意产品设计 ... 70
- 第二节 动漫文化创意产品设计 ... 86
- 第三节 旅游文化创意产品设计 ... 109

第五章 新时代文化创意产业的发展 129
　第一节 数字技术与文化创意产品的创新 129
　第二节 移动互联网技术对文化创意产业的影响 133
　第三节 新媒体艺术与文化创意产业的融合互动 142
　第四节 新媒体时代文化创意产业的媒介营销趋势 155

参考文献 177

第一章　文化创意产品相关理论概述

在生活中文创产品很重要，本章是文化创意产品相关理论概述，介绍了文化相关概念及其发展历程、创意的相关概念、文化创意产品的界定、分类及功能以及文化创意产品的创新要素。

第一节　文化相关概念及其发展历程

一、文化的含义

文化的内涵十分丰富，想要给其一个精确而严谨的定义是非常困难的。很多研究者都曾从各自的研究领域出发界定文化的概念。可以说，文化是一种多元化的社会现象，同时也是历史发展过程中沉淀下来的。更为精确地讲，文化是国家或是民族长期发展过程中形成的历史地理风貌、民风民俗、行为和思维习惯、价值观和文学艺术等，其包含的内容十分广泛。

（一）中国的文化含义

本书所提到的国内文化特指中国文化，它是在华夏文明发展的基础上形成的，融合了全国不同地区和民族的文化精华所形成的文化。它与中华文化之间的区别在于后者具有一定的国际属性。我们可以将这种文化称为"中国的文化"。"汉文化圈"指的是深受中华文明影响所形成的东方文明体系，它是指一种社会意识形态，反映出了东方文明的社会政治、经济和科学技术发展的状态。中国文化对周边国家文化的影响十分深远，这种影响甚至蔓延到了美洲部分地区。对国内文化的释义存在以下两种。

1. 古代释义

汉语中，"文化"的根本意义就是"以文教化"，它是对人的精神世界进行教化的形式,作用是陶冶人的性格,提升人的品德素质。随着时间的推移,"文化"的内涵和外延都得到了大幅度的丰富,成了一个多维度的概念,也引来了许多相关学者对其进行探索和研究。

2. 现代释义

国内学者对文化的研究不断深入,并提出了各自对文化的定义。

杨宪邦、余秋雨等学者都曾对文化下过定义,这些定义虽然出发点不同,但是都强调了文化的精神价值、行为习惯。此外,杨宪邦还在定义中强调了社会的人是文化创造的主体,文化是人类认识、适应和改造客观世界的过程中所做的物质活动和精神活动,以及在此过程中所产生的物质和精神财富以及社会制度。从他的观点中可以看出,文化是一个内涵丰富的系统。

《辞海》给出的定义与杨宪邦的定义比较相似,但是在叙述上比较简略,只从广义的角度对文化进行了定义。

综上所述,文化就是指生物在生存和发展过程中逐渐掌握并积累的与生活相关的知识和经验,是生物适应自然和环境的过程中产生的积淀。自然界中的任何生物都需要慢慢适应周围的环境,从这个角度来讲,任何生物都应掌握其特有的生存知识和经验。因此,我们在讨论"文化"时,就应当给其划定一个范畴,"文化"特指"人文",当今社会所存在的文化都是以"人"这种生物为核心的。

文化的释义具体如下:第一,考古学上指同一历史时期的遗迹、遗物的综合体;第二,人类所创造的财富的总和,特指精神财富,如文学、艺术、教育、科学;第三,运用文字的能力及一般知识。

(二)国外的文化含义

1. 古代释义

英文词汇"culture"(文化)源自拉丁文词汇"colere",它是一个动词。1690年法国词典编纂者安托万·菲雷蒂埃(Antoine Furetière)所编写的《通用词典》中,对 culture 的定义为:人类为使土地肥沃,种植树木和栽培植物所采取的耕耘和改良措施,并有注释称:耕种土地是人类所从事的一切活动中最诚实、最纯洁的活动。由此可见,早期西方社会对文化定义只聚焦于人类的某种技能或能力,它所表示的是人类的某种活动形式。

直到19世纪中期，西方社会中"文化"依次的含义才被丰富起来，成为一个完整的体系。此后，学者们常常将文化和文明当作某个事物的两个不同侧面，对文化现象和文化发展的研究也逐渐变得多维化。文化的不同角度定义也逐渐丰富起来。

第一种是从方式论角度出发的定义，将文化看作民族的生活方式，它包含一个民族兴趣爱好、民风民俗等方面的内容，它并非通过遗传获得，而是从先辈处继承而来。

第二种是从过程论角度所下的定义，将文化看作人制造和学习制造与使用工具的过程，尤其是形态已经固定的工具，在这类定义中，人类的智力和创造力的进化过程也属于文化的一部分，从而突出了文化的不断发展与演进的特性。

第三种则持有复合论的观点，强调了文化包容性和熔铸性，将文化看作社会成员所能获得的包含了信仰、知识、艺术、风俗等内容的能力复合体。

2. 现代释义

随着社会的不断发展，现代英语中"culture"的内涵也更加广泛，牛津大学出版的《现代高级英汉双解词典》列举了以下五种含义：

①人类能力的高度发展，借训练与经验而促成的身心发展：（身体的）锻炼；（心性与精神的）修养。

②人类社会智力发展的证据：文明；文化（指艺术、建筑、科学等）。

③一个民族的智力发展状况：某一特定形式的文化。

④培养；种植；栽培；（蜂、蚕等的）饲养。

⑤细菌的培养。

其中第二条和第三条是专门的术语，长期以来学术界对文化定义的争论也集中在这两条上。文化的术语概念在19世纪中期成形，这一点可以从《美利坚百科全书》中对"culture"的解释中得到印证。

英国人类学学者喜欢从结构功能的观点出发来研究文化。从他们的观点中可以总结出，文化是人类在交际过程中获得知识和技能，得到体验，培养观念、信仰以陶冶情操的过程。文化依赖于社会结构功能的发挥，离开社会结构体系，文化就无法显现。

法国人类学家克洛德·列维 - 斯特劳斯（Claude Lévi-Strauss）从行为规范和

模式的角度给文化下定义。他提出：文化是一组行为模式，在一定时期流行于一群人之中……并易于与其他人群之行为模式相区别，且显示出清楚的不连续性。英国人类学家约翰·鲁伯特·弗思（John Rupert Firth）认为，文化就是社会，社会是什么，文化就是什么。他在1952年出版的《社会组织要素》一书中指出，如果认为社会是由一群具有特定生活方式的人组成的，那么文化就是生活方式。

除了上述对文化的定义和解释之外，还有许多学者试图从符号说和限定说等不同角度对文化进行定义。例如，美国文化学家阿尔弗雷德·路易斯·克罗伯（Alfred Louis Kroeber）和克莱德·克拉克洪（Clyde Kluckhohn）在《文化：概念和定义的批评考察》中，整理出了西方学界19世纪70年代至20世纪40年代间的约160种对文化的定义，并进行评价和分析，从而得出了文化的综合性定义：文化由外显的和内隐的行为模式构成，这种行为模式通过象征符号获得和传递。文化代表了人类群体的显著成就；文化的核心部分是传统观念，尤其是它们带来的价值观；文化体系一方面可以看作活动的产物，另一方面则可看作进一步活动的决定因素。这一文化的综合定义受到普遍的认同，有着广泛的影响。

二、文化的特征

文化是严谨规范的整体系统，包括宗教信仰、艺术人文等方面，关于文化的特征，文化学界的研究侧重点的不同，表述也不一，可以从文化的分布范围、文化的发展、文化传承、文化适应范围、文化的存在条件以及文化的传播等方面去考虑，所以文化具有以下几个特征。

（一）社会特征

文化与社会生活息息相关，文化的出现不仅是因为生存与发展，同时也是审美水平与文字能力提升的反映。从原始社会开始，人类为了生存而制造工具，便出现了原始的农业生产工具，这是人类接触文化社会属性的最简单方式。物质文化的创造，与天文、历算、宗教信仰等精神文化一样，是文化源头的一条重要支流。

文化产业在社会生活中能够提供文化服务和相应各类社会行业所需的服务，其中既包括满足精神需求的艺术文化服务，如音乐会、歌剧等，也包括满足物质生活需要的文化产业活动，如学习某一项技能。对于文化来说，其特殊的社会属性主要区分为精神价值和物质价值。精神价值是没有具体形态的，是更倾向于艺术性的一种文化形式，如看电影、参加书画展提高个人艺术修养，通过媒介第一时间接触到社会热点新闻，文化作为一种无形的精神价值传递到观众脑海中，会让人产生一种对艺术价值的同理感受。

物质价值追求的则是文化的"有用性"，利用它可以满足消费者的某种物质生活上的需求，简单来说，比如食物充饥、药品治病、汽车运输等，这类物质型文化在社会生活中承担着重要的角色，在艺术设计过程中同样也有着重要的意义，比如床是一个可以让人舒适休息的产品，桌椅是办公交流的承接产品，水杯是文明饮水的产品。以国家非物质文化遗产传承和保护项目"蜀绣"来看，由于特殊的地理、历史、风俗等自然物质环境的影响，作品呈现出来的也是严谨细腻、光亮平整、构图疏朗、浑厚圆润、色彩明快的独特风格，其代表作《芙蓉鲤鱼》让人叹为观止，其"有用性"不言而喻。而从精神价值层面来看，芙蓉锦鲤主题中，"芙蓉花"取其谐音，为"富贵荣华"的意思，象征着对未来美好生活的憧憬。

（二）内在特征

文化内涵不一定是广义的，也可以是一种给人内在美感的概念。对产品的附属产业进行宣传，可以将产品本身具有的文化内涵与独特的意识形态完美结合，赋予其特殊的思想立场和文化认知，使产品不再仅仅满足最基本的使用需求。文化产品的思想内涵及其文化形象与社会价值取向密切相关，正面、健康、进步、积极向上的价值观可推动人们去获得高质量的精神生活，促进经济和社会的全面进步发展，是实现生产目标和建立和谐社会的必由之路，也是文化产业及其产品的基本特征之一。

三、文化的类型与形态

（一）文化的类型

文化类型的形成受到不同时代、不同自然环境和生活方式差异的影响，其区别体现在文化中的观念、兴趣、行为习惯、信仰等元素的不同上，在某一地域范围内，文化往往具有相似的特征和素质，从而形成不同的地理单元。此外，文化类型的划分也会根据时代和地域的不同而产生不同。通常情况下，文化有广义和狭义两种区分，广义上的文化指的是人类在历史发展过程中所创造的所有物质和精神财富，具体可分为物质文化、制度文化和精神文化三种。狭义的文化指人们生存于社会中所需遵守的习惯，如民风民俗、生活习惯、行为规范等。文化因素在某个发展领域存在着相似性与差异性。根据文化所涉及的历史、传播途径、分布以及发展的差异，可将文化创意产品分为三种文化类型：内容文化、创意文化和延伸文化。

1. 内容文化类

内容文化类文化创意产品依据特定传统文化所表现的思想性、原创性、情感性进行融合，建立起新的人文情怀，准确把握消费者的内心情感世界，彰显流行文化、传统文化、新媒体文化等多种文化的交融。其最大的特点是不受地点、时间等限制，无论是年代久远的历史文化遗迹，还是记忆最深处的童趣，都可以呈现在观众的眼前，这也就是创意文化产品所具有的独特"文化感"。动画片《小兵张嘎》，讲述了生活在冀中白洋淀的小男孩张嘎历尽艰辛，克服重重困难，找到八路军，当上了一名小侦察员的故事。动画采用写实风格，厚重凝练，塑造了嘎子"质朴""可爱""机智""勇敢"的年代形象，表现了小人物在红色革命年代不屈的抗争精神。《小兵张嘎》是我国第一部以红色经典为创作源泉的动画片，它的风格朴素，具有中华民族文化的特色，与迪士尼动画的华丽风格有十分鲜明的区别。《小兵张嘎》突出的意义在于其传达的精神文化，现代学生生活在物质丰富、娱乐形式多样的社会环境中，尤其需要补充类似的"精神营养"。我国社会上存在着类型众多的文化，而《小兵张嘎》这类以内容为主要创作方向的创意文化产品能够不受时间和空间的限制向人们传递特有的精神文化价值，展示文化的内涵。这也体现出了创意文化产品的"文化感"特质。

2. 创意文化类

创意文化类产品是对原生文化的创意性再创造，突出的是创意性。创作者在产品设计过程中要重新解读原生文化的符号、精神、文化元素以及美学特点等。然后进行再创造，将自己的解读与产品创意融合，从而完成文化创意产品的设计。它是结合多种表现手法进行再创作所呈现出"换汤不换药"的一种表现形式，设计师的二次设计也实现了将文化生活化的一个过程。消费者通过产品对文化进行消费，从而提升原生产品的价值。例如故宫文创胶带（图1-1-1），挖掘故宫纹样的藏品内涵，云鹤纹、青花纹、海浪纹等，构筑整个系列的贴纸图案，应用于人们的生活当中；又比如皇帝表情包扑克，把曾经位高权重的皇帝变得触手可及，再配以色彩明亮的插画和诙谐的文字，悄悄地拉近了消费者与传统文化的距离。设计者通过对原生的故宫文化再创造，寻找与今天社会生活的对接点，形成一种新型的故宫文化创意产品，用文化影响人们的生活。

图 1-1-1　故宫文创胶带

3. 延伸文化类

延伸文化类文化创意产品所涉及范围较前两种宽泛，能够提供一种非物质的精神体验，比如文化场馆、主题晚会，还包括一些商业性的服务等。这种服务针对特定群体，不局限于图样、样式、包装等，可以运用更多的素材，比如颜色、风格、声音等来呈现作品的构思。

二次元动漫展（图 1-1-2），是各界漫迷交友的地方。在漫展上，来自全国各地的二次元比赛团队进行表演，动漫爱好者扮演他们喜爱的动漫和游戏角色，各类型动漫和游戏的工作室进行二次元周边展示销售，参展人员可以购买到各种各样的漫画周边，比如手账本、抱枕、漫画书、新出的绘本等。线下开展的漫展，一方面能够为动漫爱好者群体提供非物质的精神体验，另一方面也给商家带来不小的发展机遇。

图 1-1-2 漫展文化

（二）文化的艺术形态与艺术表达

艺术作为一种独特的文化形态或者文化现象，在整个文化体系中有着举足轻重的作用，如同文化起源那样，从文化开始出现便有了艺术的出现，在历史各个阶段发展中表现出相应朝代的文明。我们通过艺术更直观地去了解、掌握世界，也可以理解为是人类利用艺术表达去体验生活，反观而言，生活创造了艺术。任何艺术的本质都是审美的、创造性的意识形态；也是审美的、创造性的生产形态。

1. 艺术形态的划分

生活中找不到两个完全一模一样的人，找不到完全相同的两朵花，也找不到完全相同的两棵树。那么，艺术文化形态也同样有着相同性与差异性。

（1）自然形态

艺术自然形态是最普遍的一类形态，分为有生命体与无生命体。有生命体常常表现出丰富的形态和生命力，古今中外许多对艺术自然形态的表现都体现出力量的存在和美感。文艺复兴时期，意大利伟大艺术家米开朗基罗的雕塑作品《大卫》（图 1-1-3），以完全的裸体表现传说中犹太少年英雄大卫战胜敌人哥利亚的故事。大卫的体态壮伟，坚如钢铁，寓意为力抗强权、捍卫祖国的佛罗伦萨人民。因为人类本身就是自然形态的艺术机体，所以有机体态的自然与现实生活更相适应。

图 1-1-3 《大卫》

无生命体也是一种艺术形态的表现。比如自然界中风雨雷电等，这种力量的表现不可控制、不可捉摸，却相互影响。而这些自然无生命体常常也被运用在影视拍摄当中。玛丽莲·梦露享誉世界的经典动作（图1-1-4），是她站在一个通风口上面，暖风吹起她的裙子，周边有很多摄影师从各个角度拍摄。玛丽莲·梦露这一经典动作之所以享誉世界，少不了风掀起裙子这一艺术形态，而这一形态背后隐喻的是人物本身的娇美性感。裙子表现出风势，风表现出裙子与人物的体态。不可捉摸却相互影响，才使这一照片成为传世经典。

图 1-1-4 玛丽莲·梦露

（2）人造形态

在中国古典文学、美学发展史上，"物化"早已作为一种独特的艺术形态存在。我们可从具体的文艺创作入手，发掘其所蕴含的深刻含义，例如用简单工具和手工艺所创造出的产品。一般来说这类产品所呈现出来的艺术形态很大程度上取决于手工技术的水平，这类产品多用于装饰。如迪庆藏族自治州香格里拉市尼西乡汤堆村的黑陶工艺，其制作主要分三个步骤来完成——选料、加工、烧结。用多个万字联合而成的一种四方连续图案"万不断",寓意吉祥连绵不断、万寿无疆。

此外,艺术创造行为可以根据不同的形态进行再细划分。绘画艺术运用点、线、色彩、空间、构图等造型手段在二维平面上塑造承载信号性的视觉艺术形式,《蒙娜丽莎》运用了"渐隐法"绘画技法,使人物形象与背景界限模糊,人物轮廓有朦胧感,仿佛融入背景之中,表现出含蓄的艺术效果,极大地丰富了形象的意蕴。

唐代书法家颜真卿的《多宝塔碑》(图 1-1-5),字体工整细致,结构规范严密,用笔一丝不苟,将汉字结构和笔画通过主题的创造性转换而形成线条的视觉抽象效果,其作品的四大要素是用笔、体态、意态、风神。而雕塑艺术作为空间艺术的一种表现形式,最大的特点就是存在于立体三维空间,是真实展现一种艺术形态的手法,通过雕、刻、塑、铸造等手段创造视觉化体积形象,以表达心灵和审美的艺术形式,例如秦始皇兵马俑、云冈石窟等。

无形艺术形态凭感官去感受,去想象其中的形态。这类艺术形态常常表达的是不确定性,对这类文化的理解主要依靠人本身对于艺术的认知程度。

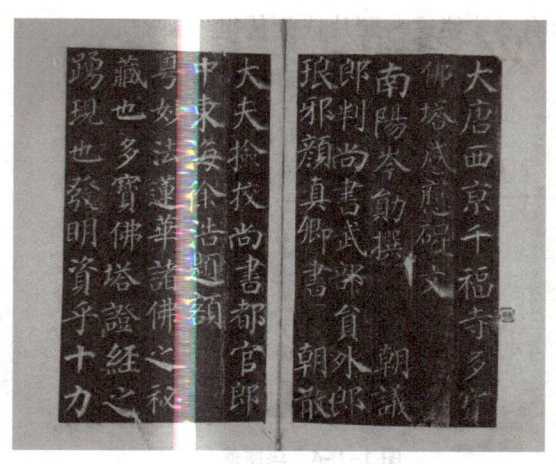

图 1-1-5 (唐)颜真卿《多宝塔碑》

(3)偶发形态

偶发形态是指艺术家在特定的时空条件下,根据自己当时的特定状态与灵感所临时创造出的不同姿态和动作的一种视觉艺术形态。如伊朗作家 Omid Asad 的叶雕,其作品灵感来自作者对落叶形态的迷恋,作者在仔细观察时偶然迸发创意并最终实现。这类普通形态的事物由于常见,很难引人注意,其蕴藏的美感也容易被忽视，经由偶发性和突发性的动机触发后，其作品效果却往往比深思熟虑的作品有更多直观和印象化的表达，更容易直达观众的内心。根雕艺术是将自然美与人为创造力完美结合的造型艺术，作品的创作十分重视展现自然之美，强调根据根材的天然形态创作艺术形象，人工雕琢只是对自然美的突出展现以及进一步美化。所谓"三分人工，七分天成"，就是如此。

2. 艺术表达的划分

艺术表达分为内在和外在形式表达与情感化表达。

（1）内在和外在形式表达

内在和外在形式指的是艺术的结构。西方艺术将这种结构视为一种静态的描述，而东方艺术讲究的是实际操作与审美结合的制作，它们在多种艺术因素之间相互融合，组成一个新的作品。文化创意产品也同样将物质文化和精神文化当中的部分具有独立性的因素分别与其他文化杂糅融合，把这种文化更加具体可视地转换成新的产品。艺术的外在形式指各类艺术语言。每一种作品都有属于自己独一无二的艺术语言，不同的作品由不同的艺术语言和艺术物质媒介组成。

艺术创作过程中，可以运用"感性的方式"去体会艺术，把握艺术的目的，将对事物的感受用情感化的方式呈现。艺术的表达是个体对于艺术的最直观感受，创作者通常会运用一定的艺术表现手法来反映一定的思维成果、生活体验以及情感世界的表达。艺术表达常常被注入社会、历史、政治、法律等其他类型的文化内容，用艺术手法去表达与叙述这类内容，通过多变的人生体态、不同种类的文化体系相互融合、相互配合、相互依存。

17世纪荷兰画家维米尔的作品《戴珍珠耳环的少女》（图1-1-6），采用全黑的背景，以少女佩戴的一颗泪滴形珍珠耳环作为视觉焦点，在颈部的阴影里似隐似现。珍珠在维米尔的画中通常是贞洁的象征，珍珠是整幅画的点睛之笔，这非常类似古代中国的"意象"。客观物象经过创作主体独特的情感活动而创造出来的艺术形象，多用于艺术通象。如梅、兰、竹、菊千百年来以其清雅淡泊的品质，一直为世人所钟爱，成为一种人格品性的文化象征：梅，高洁傲岸；兰，优雅空灵；竹，虚心有节；菊，冷艳清贞。它们被人们称为"四君子"。而解读古诗中的这些意象群，就成了古诗词鉴赏的突破口。运用象征的表现手法来进行艺术创作，是中外各领域的艺术表达常常用到的艺术手法。

图 1-1-6 《戴珍珠耳环的少女》

（2）情感化表达

艺术是情感化的表达。美国认知科学、人因工程等设计领域的著名学者唐纳德·亚瑟·诺曼（Donald Arthur Norman）把设计的目标分成三个层次：本能层、行为层、反思层。所谓本能层就是能给人带来感官刺激的活色生香。而行为层是指用户在使用过程中所要掌握的技能，并从这个过程中获得的成就感。最高的层次就是反思层，实际上是由前两个层次的作用，而在用户心里产生更深的情感。

这三个层次作为情感系统的不同维度独立存在，又相互关联、相互影响，从而创造了我们对世界的整体情感体验，并以各自特定的方式影响产品设计。

①直觉性

一个作品无论是什么类型，人们对美的感觉都是直接的，所以往往评价也都是正面、正确的，但是却说不出它们的艺术标准是什么，只能整体、本能、瞬间地直观感受到它们的美。因此，艺术美只有在感官知觉中才能成立，才是有价值的。如创意山水陶瓷杯，杯盖的凸起仿佛一座小山，不规则的杯子把手与之相互呼应。而杯体本身的色彩又使杯子多了一份自然。将性情寄于山水，让山水存于生活之境，这个内涵带给用户很直观的情感体验。

②美感性

诸多事实表明，在审美上让人感觉快乐的物品能让人更好地工作，其外表美观迷人，充分考虑到人的因素，使人用起来会比较愉快，产生和谐的效果。关于

第一章 文化创意产品相关理论概述

情感化设计对人们生活的改变，我们很容易想到20世纪90年代著名大师菲利普·斯达克最著名的设计——乌贼形状的柠檬榨汁机（图1-1-7）。这款榨汁机以情感化的设计理念，让"乌贼"化为榨汁机，赋予日常用品幽默有趣的性格。它不仅是榨汁机，还是一个造型性极强的雕塑作品，1993年推出后，一度成为时尚的象征，被摆在时尚人群的居室里。斯达克的设计往往能与使用者产生情感交流，他的设计也改变了产品都是为了"有用"而设计的看法，让人们的生活更加多姿多彩。

图1-1-7 斯达克经典榨汁机

③形象性

作品可直接地或间接地去表达，这里更多倾向于留给世人的一种想象空间，这种描绘是观赏者在脑海中自己联想的，也是一种间接的表现方式。作品不限于语言叙述方式和图画的直接呈现，而是通过读者对于作品的理解、经验和认知来将这个"故事"描述完整，如"德国红点奖"得主在"中国的椅子"原创设计大赛中的参赛作品"宣纸椅"（图1-1-8），设计师张雷从古老纸伞的制作技艺中得到灵感，和余杭的制伞师傅合作，把数张宣纸"糊"成一把舒适而带着飘逸视感的椅子，在特定的工艺下，柔弱的宣纸居然具备与实木一样的牢固度。这样的"寻脉"，让人感到东方美学的"大道无形"。诚如沈斌所言：我们想通过椅子这种最普通的家具，考量参赛者对中国的理解，把家具设计提升至文化层面，在设计中体现东方美学和中国文化。

13

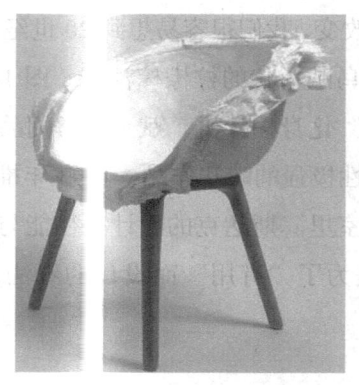

图 1-1-8　宣纸椅

设计作为艺术表现的一种，是优秀文化内涵的载体，同样是满足人类物质与文化需求的方式之一，在一定程度上承担着文化传承的重任，将文化的精髓加入新鲜血液更容易被接受，也更贴近人们的生活。设计师在设计产品的时候，不仅要满足人的物质需求，还要把对人的情感需求的关注融入设计之中，设计出令人快乐的产品，为人们带来更多可以产生愉悦和感动的产品，让生活丰富多彩。好的设计增加了文化创意产品的附加值，也作为文化独特的组成部分始终参与并推动着文化的发展。

四、文化认同与文明共识

面对当前因文化全球化和互联网发展引发的信息爆炸的局面，如何提高人类文明的"内在质量"与"整体产量"成为文化创意面临的首要问题。人类文化差异的不断减少推动了全球化历史进程。

文化不是生活的奢侈点缀，而是作为生活的一个基本构成要素存在，在文明养成、解放思想、回归天性等方面的重要性不言而喻，毋庸置疑，文化价值同样体现于推动经济发展。富有竞争力的市场经济依附于文化产业的再次发展，迅速开拓了新的市场份额。在满足传统文化与经济发展相互融合的同时，文化经济的发展效率与开创精神这两方面的影响也不容小觑。艺术作为文化中不可或缺的组成部分，恰恰是传递理想主义与生存意义最为直接有效的途径，也是遏制糟粕文化传递与优秀文化扭曲异化的杀手锏，尽可能在经济水平稳定的条件下更多地去提升全民的精神境界，可使道德而美等多个方面同时得到全面发展进步。

如果说对传统文化的深刻学习是民族文化发展必不可少的前提，那么在面对多样复杂的各民族文化时也应培养正确的心理认同感，以上海世博会为例，中国馆设计者旨在突出"东方之冠，鼎盛中华"的大国气息，向世界着重展示博大精深的"中国智慧"，从而使国人产生强烈的心理及文化认同。受当下全球范围内的文明融合与博弈影响，现代文明的传承也更加规范化，交往的规则也更理性、更包容。一个民族文化产业繁荣复兴常常以民族精神作为先导力量，同样，民族的衰落覆灭也以其民族文化的荒废和精神的萎靡为先兆，核心向上力量的摧毁也正是一个文化走向灭亡的必然之路，强大且富有深刻内涵的民族精神是支持一个民族实现伟大文化复兴的关键力量。所谓"慎终追远，民德归厚矣"，我们对传统文化应当心存敬畏，对现代文明亦是如此。在多维文化空间中穿行博弈，我们应该在宏观的文化视野中将传统与现代相结合，以此为基础，进而明确当下最为适用的文化价值观念。

五、文化的发展历程

人类社会的文化背景在规范艺术设计行为的同时，也能够通过艺术来更加直观、感性地记录其发展历程。当今的文化发展不仅局限于科学、医学等领域，也将艺术文化推向更高的一个历史舞台去承载文化精神的内涵。这不仅强调了艺术的外在价值，也体现了艺术所折射出来的文化价值，在传播民族文化与提升民族文化的竞争力方面具有深远的影响。原始文化源于古代人民对自由富足生活的向往、对先祖敬重与对自然的敬畏，如对天地的祭祀是为了祈求风调雨顺，对鬼神的供奉与劳动、宗教、巫术等政治因素相联系。根据历史记载，人类从石器时代便开始为了基本的生存和生活进行劳动创造，生产工具的发明代表了古代人民强烈的生存欲望和物质诉求，所以说文化也起源于人类的生活本能。

而艺术设计行为在这种文化氛围中不断得到充实，使用器具的材质、纹理表现都体现出古人对美的追求和审美的不断提高。我们将文化看作艺术设计的先导，艺术设计的发展进步不仅为人们带来了生活的便利，同时也给枯燥单调的生产活动赋予了新的内涵。

古代中华文明在萌生过程中就已经有了较广泛的分布，中华文化自三皇五帝起至今历经五千余年仍屹立于世界民族之林，在宏富的世界文化画卷中留下了浓墨重彩的一笔。其中，影响最大最深远的古代中国文学便是先秦文学，虽然因文字记录的缺失，流传下来的并不多，但是经过口口相传和不断补充改进，其依然具有超乎想象的艺术价值。

中世纪后期的文艺复兴也是文化史上一次不可忽视的思想文化运动。意大利作为古罗马文艺复兴文化的发源地，文化普及和发展迅速，掀开了世界文明的新序幕，文艺复兴过程中创造出众多震撼世界的文化作品，在诗歌、雕塑、绘画等方面成就卓越，并解放了被中世纪基督神学捆绑的劳苦百姓，推翻了僵化死板的经院体系。这个时期，各领域涌现出一批杰出人物，包括文学三杰：但丁（代表作《神曲》）、彼特拉克（代表作《歌集》）、薄伽丘（代表作《十日谈》）；美术三杰：拉斐尔（代表作《带金莺的圣母》《草地上的圣母》和《花园中的圣母》）、达·芬奇（代表作壁画《最后的晚餐》、祭坛画《岩间圣母》和肖像画《蒙娜丽莎》）、米开朗基罗（代表作《摩西》《被缚的奴隶》和用四年时间完成的举世闻名的《大卫》）。

随着经济文化水平的大幅度提高，人类生活水平的改善，文化发展逐渐摆脱了历史上长期被少数精英垄断的框梏，开始迅速走向大众并被大众接纳。经济发展日益体现出文化内容的重要性。文化创新这个观念逐渐走上历史舞台，成为全球产业发展的一个新趋势、新特点。文化产业的发展不仅推动了文化的进步，也带动了其他相关产业的发展，在许多国家也成为评定经济发展水平的标志和提升综合国力的核心支柱产业。

第二节 创意的相关概念

一、创意的含义

"创意"一词具有丰富的内涵，很久以前这个词汇就已经出现，但是目前学界对其定义尚未达成共识。此外，在某些国家的观念中，创意也可以等同于创造、创新等。例如，美国重视知识内容和市场权益，他们将创意视为知识产权的核心内容，并认为创意产业是版权产业或娱乐产业；英国的创意理念是从创造者、策划者和设计者的角度进行定义和延伸的；日本认为创意是信息化内容的生产，他们将创意视作一种产品，十分重视数字形式的文化内容生产，并提出了"内容产业"这一概念。由此可见，根据国家战略、文化传承方式、主流趋势、地域特征等方面的差异，创意的称谓也是不同的。内容生产能够有效带动信息技术产业的发展，以影片《泰坦尼克号》为例，该影片上映后获得了18亿的票房，但观影者或许没有意识到，他们在付费欣赏精彩的电影故事情节的同时，也支付了几十台Alpha服务器的费用和上百名电脑工程师在制作过程中花费心血的报酬。除了影视这种传统内容产业之外，互联网上新兴的内容产业层出不穷，已经成为信息产业的主要内容之一。很多信息产业人士都认同这一观点：主导新经济的核心产业是新型媒体产业，它将计算机、通讯和传统的内容产业融为一体，展现了极强的生命力。美国GDP中15%是融合了电脑通讯的新型媒体行业贡献的。新产业部门的大部分利润也来自内容生产，内容生产是价值生产的主要渠道。1995年，美国全国研究理事会发表报告，称美国计算机和通信产业要想保持自己的竞争力，就必须寻求与媒体娱乐业的融合。

美籍华人科技工作者、诗人、艺术家非马认为，创意的涵义，是向一切惯例挑战，它适用于一切动脑和运用说服技巧的行业，创意与人类思想紧密相连。如旅行箱贴纸，它颜色缤纷，内容丰富，一改以往行李箱颜色单一、款式刻板的形象（图1-2-1）。用户根据个人审美观念，往行李箱上贴纸的过程实际上是一种向惯例挑战的尝试，表现了个性化的创意内涵。可见，人们有通过脑力活动创造新事物的能力，而且这种新事物对大多数人是有意义的，人类社会中的所有新产品、新活动、新气象，都来自创意力量的展示。

图1-2-1　旅行箱贴纸

创意决定着我们的未来，它是以往的经验、阅历、思考等因素相互作用的结果，也是创造的萌芽、新活动的起点，决定着整个活动的方向、过程。简单来讲，创意就是人们在做某件事之前所进行的构思、规划或是灵机一动的灵感，创意可以极富创造力，也可以是很普通的，比如日常生活中普遍使用的插座，两个插口往往无法同时使用，改良后的插座接口设计就巧妙地解决了这个问题。创意属于创意者的私有物，它是创意者根据自己的主观精神所创造出的东西。同时，创意也是创意者的思考与观点最终形成的成果，它是能够通过某种有形或无形的东西表达出来的观念，其载体往往是某种艺术符号。设计造型和技术制作的过程，都包含创意的理念。如双喜临门杯子（图 1-2-2），杯子把手由单个"喜"字组成，两个杯子凑在一起，形成国人对新婚夫妻常用的贺词"双喜临门"，将中国传统观念融入产品造型，表达了对美好事物的期许。由此可见，创意的产生是技术与创意的融合，要想好的创意得到实现，往往需要较高的技术水平，需要将科学与艺术有机融合于创意之中。

图 1-2-2 双喜临门杯子

目前学界对创意概念的界定呈现出多样性和一致性的特点。概念的多样性使我们对创意的理解更加深刻，这有利于对其进行深入研究；而概念的一致性则体现出了不同定义之间具有相同之处，从而凸显创意的本质内涵，即新主意和新思想。目前大多数对创意的定义都涵盖了思维成果和思维活动两方面，符合形式逻辑的要求。创意的相关概念还包含创造、创造性、创造性思维和创新等概念。创意被英译为"idea"和"creation"，这两个词汇分别对应创意的广义定义和狭义定义。广义上讲创意就是指所有具有创造性的思维活动，也就是"idea"；狭义上讲创意就是某个作品创作的艺术性构思，也就是"creation"。对创意者们来说，创意是很有奥秘的存在，而奥秘性主要可以这样来理解：挖掘创意者本身的欲望，以及欲望被挖掘出来之后，如何才能更快地找到途径让欲望形成。创意概念的静态定义是其基本的首要含义，在其静态定义中观念形态属性这一性质或明显或隐晦，但都有所体现。创意是观念形态通过思维活动所形成的成果，根据形式逻辑的要求，创意的定义要清晰明了地表达出概念所反映的对象的本质属性，并符合人们总结和生成"定义"的规则。英国学者约翰·霍金斯认为，"创意具有激发出某种新事物的能力，它代表了人类创作和人类发明的产生，而这种创意和发明必须是只属于个人的、自己原创的产物，该产物具有深远的意义"[1]。创意无时不在，无处不在，它既在思想中迸发出来，更在行动中表现出来，而人类的创意就体现在各自专长上，也体现在感知世界向世人引荐自己的方式中和了解这个世界的过程中。创意是一种原生态的创新，更是产生于人类大脑的一种才能，将创意划分为一种创造力的思维过程，不但强调了人类的智力、人类的知识和人类的创造力的自我更新和改革，更彰显出了创意与传统人力资本的联系。

从学习的角度出发来对创意进行定义，创意既是一种学习的结果，也是一种学习的过程。在普通形式下创意行为最为直观的表现手法是艺术行为，诸如陶艺、绘画甚至是制作贺卡等。如七宝烧是将各种创意图案搭配丰富的颜色烧制出来的陶瓷品（图1-2-3），而制作七宝烧的主要程序含有七道：制胎、掐丝、烧焊、点釉、烧釉、打磨、镀光。在所有的程序中最细致复杂的是掐丝技术和点釉技术，烧釉和打磨这两道程序一般要经过多次的制作才能完成。七宝烧的颜色层次比较多，主要有红、橙、黄、绿、青、蓝、紫等色，一般来说，单色七宝烧是较为稀缺的。当然，也有透明釉的七宝烧，其制作方法是在经过艺术加工的金属坯胎上涂抹一层透明的珐琅釉，再经烧制后就会露出胎上的花纹图案。在当时材料不知、技法不明、全靠原创的情况下，以"景泰蓝为本"创造出了"心中的景泰蓝"，即"七宝烧"。创意以及跟创意相关联的事物往往具有很多表现形式，斯坦福大学经济学家保罗·罗默认为，是否能提供和使用更多的创意或知识品，将直接关系到地区甚至是国家经济能否保持长期的增长，创意思想是伟大的进步来源。

---

[1] 熊青珍，敖景辉.文化创意产品设计[M].长沙：湖南师范大学出版社，2021：27.

图1-2-3 七宝烧

创意概念包含三种：宏观创意、个体创意和应用创意。

宏观创意是指一切可以看见的创作现象。以警戒线为元素的服饰很大胆地突出了服饰的宏观创意点，宏观创意能让大家一眼就看出创意在何处，如何宏观地展示出与众不同的创意，即为宏观创意。

创意作品可以体现创作者的情感、想象、智慧、灵感、才能和艺术体验。例如梵·高的作品《星空》，通过夸张的表现形式描绘出了变幻莫测的星空。从画面中看去，人们仿佛看到了涌动的蓝色和绿色的激流，星空充满的扭曲和躁动，这种与现实完全不同的描绘也展现了画家内心的不安，将画家内心疯狂而躁动的幻想世界展示在观者面前。

创意的目的不仅仅是根据内心的灵感和思想进行创作从而满足自己的欣赏和品鉴需要，还包括将创意投入生产，使其走向产业。伟大的创意往往蕴含着极致的美丽、智慧与疯狂，能对人们的语言和生活环境造成极大的影响，能让一个默默无闻的品牌知名度在短时间内得到大幅度提升。由此可知，创意的难点就在于如何拟定题目，创意题目拟定的过程受到创意者的智慧、欲望、情感和深度的影响。创意者的智慧决定了创意题目的深度以及挑战性，而创意者生产创意的方法则决定了创意者解题的效率以及结果的创意性。

华特·迪士尼是迪士尼帝国的缔造者，其著名IP（知识产权）米奇（图1-2-4）是世界范围内首个进行动漫形象IP授权的品牌。此外，迪士尼还首创了"轮次收入模式"，该模式至今依然是动漫产业发展的主要方向。

图 1-2-4 米奇

通过前面的分析，创意的含义应该从以下三个层次来理解。

第一，从创意本身的角度出发，创意指的是思维活动以及通过思维活动产生的成果，创意的实现依赖于创造、创新等不同的创意实践方式。此外，创造的主要表现形式是突破思维定式。所谓思维定式，就是一种习惯性的、特定的对对象作出反应的思路，能够帮助主体有效地观察和认知对象，而不受外界因素的干扰。但思维定式的形成容易使人的思维变得程式化，对外界的变化不再敏感，从而影响主体对外界的判断力，降低人们对新问题的解决能力。创意则是对思维定式的突破，拓展人们解决问题的空间，使人们能够找到有效的解决问题的时机并提出合理的解决问题的方法。创意并非对思维定式的全盘颠覆，它能够保存其中的积极因素，破除其中的陈旧框架，从而使人的视野更加开阔，思维更加敏捷。创意能促使主体在实践当中突破思维定式从而产生新的观点、理论，爆发出新的灵感。这个过程也是创意诞生的过程，是主体提出问题，并发挥自己的想象力解决问题从而产生创意的过程。

第二，从属性的角度进行分析，创意的本质属性是新颖。"新"强调的是创意主体独立产生的创意，当然，创意的主体也可以是某个群体。这里的独立产生的创意分为两种情况，一是别人未想象到的创意；二是在不知道别人已经提出的情况下独立提到的创意。如果是从别人那里学到的想法，就不能叫作创意，在应用的过程中学到的知识和设想出的主意大多数情况下也不能称为创意。通过创造性的思维产生的创意结果，往往具有创造的性质。如最早的听诊器是在1861年创造出来的，当时法国一名医生在给有心脏病的患者诊断病情，由于通过耳朵无法听到清晰的心跳声，在紧急情况下，他用一张纸卷成圆筒形来放大听到的声音，并以此创意为基础，改造出了现今的听诊器（图1-2-5）。

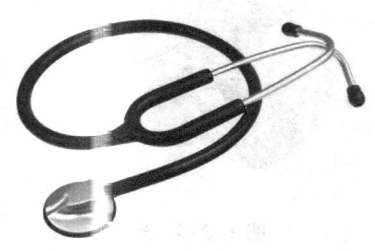

图1-2-5 听诊器

第三，从目的性的角度进行分析，创意的目的是解决某个特定问题，或完成某个特定的目标从而进行的可行性探索。所谓可行性，就是在当前所能达到的条件下，创意是可以实现的，从这个角度讲，创意是指创造价值具有可行性的新产生的主意。狭义上的创意在定义上重视新颖性、价值性和可行性三个属性，因此创意也可以解释成具有可行性的新主意。在这个定义中，"有价值"这一内涵包含在可行性当中，它突出的是创意的创造性思维。创意思维在不同领域的表现和要求也不尽相同，因此，研究创意思维时，需要根据不同的视角和背景来构建不同的概念。科学的创意的定义是创意思维、逻辑思维和非逻辑思维的结合。在总结和生成定义时还需要遵循一定的规则。想要深入研究创意的本质属性，学者们就要不断从不同的学科和视角出发，进一步对其内涵进行研究，从而提炼其内涵。这也是创意学学科建设的重要工作。

二、创意的类型

（一）商品情报型

这是最常见的创意类型，以表示创意的客观情况为核心，表现出创意的真实性和现实性本质。例如贝医生牙刷，它是由四名设计师共同创建的BDD（Brand

Driven by Design，设计驱动型品牌，贝医生巴氏牙刷及产品系统以较高的品质、符合大众审美的颜值和高度贴合用户需求等优势被大众所喜爱，成了用户黏度极高的产品。而贝医生也凭借这一系列产品成果在口腔护理市场打开了销路，其高品质受到 80 后和 90 后用户的喜爱，成为当下中国日化产业最受欢迎的"爆款"品牌之一（图 1-2-6）。刷丝是牙刷最核心也是与牙齿产生最直接接触的部件，贝医生牙刷首创三种不同功效的刷丝，其高低错落的"三明治"专利设计可以全面适配巴氏刷牙法，这是最大创新点；而刷头以光滑圆润的形态承接着刷丝；刷柄是由圆至扁的白色光滑造型，手感舒适，柄颈弹性好，在不易折断的同时也防止用力太大损伤牙釉质。正是这些优质的创新设计、极致的品质追求，使贝医生巴氏牙刷一举成为中国牙刷"刚需"产品。

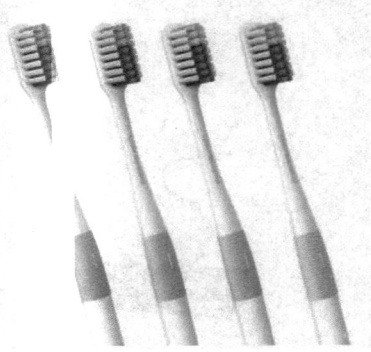

图 1-2-6 贝医生牙刷

（二）比较型

这种类型的创意以直接的方式，将自己的创意与别的创意进行优劣比较，从而引起人们的注意。如龙虾电话从外表上就已经和普通电话很大程度地区分开了，外表的大胆突破成功地吸引了外界的目光，以最直接的外观形状表达出与众不同的创意。

（三）戏剧型

戏剧型既可以通过戏剧表演形式来表现创意，也可以在创意的表现上戏剧化和情节化。如百威啤酒的广告片就像是一个惊险的战争片，在广告中，驱逐舰上的敌人发现了从下面经过的潜艇，艇内成员关闭了所有声源，警惕地关注着驱逐舰的动向，背景音乐是"叮咚……叮咚……"的回声，恰好与人心脏的跳动声重合，这时一瓶被打翻的百威啤酒在桌面上快速地滚过，广告的主角纵身向前双手接过即将触地的啤酒，阻止了一场灾难。

（四）故事型

故事型的创意是借助生活、传说、神话等故事内容来表现，由于故事本身就自带说明的特性，容易让大众了解，更好地让大众与创意建立连接。烛龙台灯（图1-2-7）以《山海经》里的烛龙"启目为昼，闭目为夜"为原型。烛龙台灯简单精致、线条流畅，具有浓郁的中国风。

图1-2-7 烛龙台灯

（五）证言型

这种创意援引有关专家、学者或名人、权威人士的证言来证明创意的新颖性，以此产生权威效应。在其他条件相同的状况下，权威效应具有更广泛的影响力。如不锈钢网做成的鞋，采用软质金属网纹材料，带来不同的感官体验，正好符合中国的一句古话："踏破铁鞋无觅处，得来全不费功夫。"无形中诠释了这双铁鞋的设计灵感。

（六）拟人型

这种创意是一种形象的表现，使其带有某些人形化特征，即以人物的某些特征来形象地说明该创意。熊本熊（图1-2-8）是日本熊本县为了振兴经济、推广本县旅游资源而设计出的一个拟人化的 IP 形象。拟人化的熊指代熊本县，其脸部两处腮红指代熊本县独特的火山地貌。经过一段时间的传播推广，熊本熊成功获得了大众的认可，提高了熊本县的知名度，为当地带来了更多的旅游收益。

图 1-2-8　熊本熊

（七）类推型

这种类型的创意是用别人已有的创意来类推新的创意，以显示创意的特点。木制办公椅（图 1-2-9）不同于寻常的办公椅，设计者大胆地将柔软的椅面改造成了木制椅面，在办公椅的基础上改造之后，突出了这款木制办公椅的特色，令人耳目一新。

图 1-2-9　木制办公椅

（八）比喻型

比喻型创意，顾名思义，就是通过比喻的方式表达内涵、展现创意，创作者通过比喻描绘创意的特征，或通过日常生活中处处可见的事物来说明事理，从而加深受众对某些事物的理解，加深人们对该事物的印象。

（九）夸张型

夸张的手法可以满足创作者特殊的表达需要，创作者通过夸张的形式语言描绘人或事物，展现它们之间的关系。夸张型创意要建立在客观真实的基础上，在描绘事物的特征时要合理，从而突出创意的本质与特征。太空船月饼（图1-2-10）的包装夸张地运用了太空船元素来设计，通过这一点吸引了消费者的目光，让消费者感受到"把天马行空变为现实，邀你把太空船带回家"的宣传主题。

图1-2-10 太空船月饼

（十）幽默型

幽默型创意是一种趣味性的艺术表达，创作者通过趣味性的修辞方式以及风趣、凝练的语言表达自己的创造性思维成果。利用幽默型创意来创作的话，要注意：一定是要含蓄的、健康的和机智的，一定不能使用尖酸的、粗俗的、油滑的和令人生厌的。

（十一）悬念式

悬念式创意通过一定的方式调动人们的好奇心，让大众对产品产生渴望、猜测、期待、激动等心理情绪，从而想要主动通过某种方法来探究和释疑。如以半圆月亮的形式作为礼盒包装的设计（图1-2-11），拉开礼盒时，刚好形成了圆月，寓意团团圆圆。这种盒型在市面上很少见，品牌方便以这种独特的设计形式来吸引大量客户的眼球。

图 1-2-11　圆形礼盒

（十二）意象型

意象型创意是创意者精神状态的凝聚产物与可以感知的、真实存在的感性征象结合而成的。意象型创意产品蕴含了创作者的主观意念、观念和情感，它将创作者的心态和客观事物有机结合，表达出了创作者的思想。将东方设计美学融入现代造物，以拱桥、水波、倒影共筑一帆，曲线通体左右贯通，形体流畅，犹如行舟扬帆，气势非凡。它能让人们看到船只在湖面飘荡，从而实现其创意点的价值。

三、创意的原则

创意的根本原则是传达信息，以创造性思维为先导，寻求创新、独特的表现形式和表达方式，创意是创作者的创造性思维的具象化体现。创造性思维体现的过程就是人们通过新颖而特别的思维活动来展示客观事物本质及其内在联系，继而从全新的角度来思考和诠释问题，获得新的解决办法，最后产生全新的创意成果的过程。创意需要通过绘、写、刻、印等手段来体现。对于创意的原则可以分为五点来理解。

（一）独创性原则

独创性原则是指在创意中不能墨守成规、因循守旧，而要勇于独辟蹊径、标新立异。独创性的创意具有强大的心理突破效果，能够在大众的脑海中留下深刻印象，并能持久地保留在大众记忆之中。

（二）参与性原则

参与性原则其实就是让大众亲身感受、获得共鸣。现在是体验经济时代，公司要以商品作为道具，以服务为舞台，以消费者为中心，创造能够值得消费者回忆或者让消费者参与的活动。以旅游产业为例，经过改革开放以来四十多年的发展，旅游已经进入了追求体验和感官刺激的时代，"体验"是一种奥妙的参与，是肉体与精神的双重参与，是一种通过肉体上的移动来实现精神上的满足的行为活动，是一段通过人为环境的改变来刺激人体感官，从而营造一段深刻经历与回忆的情感历程。只有让游客体验到旅游的文化与新奇，同时获得放松和心理认同，游客才会对旅游项目印象深刻、欲罢不能。所以在进行旅游商品的创意设计时，必须考虑到让游客参与进来，应顺应市场趋势，满足游客对旅游的参与需求。

（三）个性化原则

互联网和信息科技的发展为人们的生活开辟出更大更广阔的空间，世界的包容性越来越强，越来越多的消费者开始追求个性，希望买到独特的商品，所以个性化是文化创意产品开发的一大趋势。针对消费者的个性需求设计出独特的体验过程，并通过感情付出和亲身体验能够给消费者留下深刻的记忆。这种通过亲身经历体验的消费，更多的是一种精神上的享受和丰富，这种消费不仅能够让消费者愿意为体验付费，这种体验还会长期存在于其精神层面，有利于培养消费者的忠诚度。由于每个个体不同，所以每个人的体验感受也会有所差别，只有能够满足游客个性化需求的文化创意产品才能获得用户的认同和青睐，在旅游市场上占据一席之地。比如现在流行的 DIY 物品，手绘的杯子、鞋子，或者是将用户的头像印在杯子或者T恤上，极具个性化，深得广大用户喜爱。现在DIY手机壳已经发展成为市面上常见的时尚文化创意用品，用户可以根据自己需要，购买有底膜、琉璃钻、素材壳、点钻笔、AB胶等材料的手机壳DIY材料包，设计出自己喜爱的个性化手机壳。

（四）差异性原则

现今设计市场上的创意产品存在一个很大的问题，那就是同质化严重、互相抄袭，在全国各地看到的文化创意产品千篇一律。创意追求的是"人无我有，人有我优，人优我特"，一个"特"字就充分说明了创意产品的差异性有多么重要。大众个人存在着阅历、兴趣爱好、经济收入和文化修养等方面的差异，这也决定了他们对创意产品的需求层次、审美标准及评判结果的不同。这就要求创意产品要有足够的个性化差异和不同的种类与其他创意产品进行区分。只有设计出独具特色的创意产品，让用户保持对创意产品的新鲜感，才能满足广大用户求新、求异的消费心理。随着电子商务的发展，物流问题逐步成为制约电子商务进一步发展的瓶颈，而在各种电子商务模式中，受物流配送影响和制约最大的是B2C，京东作为中国市场领先的电子商务企业同样也面临着这个问题。早在2007年，京东就开始构建以仓储配送为核心的自有物流体系，把物流体系环节掌握在自己手里，很好地解决了物流配送的最后一公里问题，获得了消费者的认可。

（五）文化与商业结合原则

地方文化的商业化开发是一把双刃剑，它既能提升地方的经济效益，也会对地方的文化特色造成一定的损害。从这个角度看，文化保护与文化商业开发在一定程度上是对立的存在。企业在利用文化资源的过程中，不能忽视文化的内涵和价值，也不能将文化简单地作为一种商品来出售，而应该尊重文化的完整性和独特性。文化创意产品设计也不是简单地将现有的"视觉元素"进行拼接、粘贴，而是要深入挖掘文化的根源和基因，了解文化的内涵，创造性地构建文化的特色和形象，解决文化在产品设计中要进行的传承问题，从而使地域文化与设计得以和谐共生。

创意产品作为设计行业发展中极其重要的一部分，在进行文化创意产品设计的时候需要尊重文化属性和产品本身的商业属性，并将二者结合起来，设计出既具有文化内涵、能够满足大众文化需求，又能获得经济利益的创意产品。在创作过程中考验设计者的一个重大问题就是应该要怎么去完善自己的想法，设计者在这一过程中要努力思考，尽力去完善它。在大多数情况下，好的点子会流失就是因为人们已经忘了他们当时第一次听到这个好点子的时候所表现出来的反应。这需要设计者用开放的心态来寻找解决问题的办法。

四、激发创意灵感的基本法则

灵感并非突如其来，而是经过长期的思考、探索积累和偶然的机会结合产生的必然结果，是从量的积累到质的飞跃的转变，而智慧则是对世界、人生和设计的理解深度的提升，是在思维意识上能够洞悉人、事、物及其相互关系的一种综合思考的能力。在实践中，创意灵感的激发大部分遵循以下法则。

1. 组合法则

它指的是将两种或多种技术、理论和产品全部或部分进行组合，从而产生新产品、技术或理论的一种法则。创意学家韦恩·罗特林顿表示："将从前没有被联结或合并的想法结合在一起就是创意本身。"[①] 创意本身就是一种艺术性的组合。组成创意的元素大多是已经存在的、被大众熟知的理念或事物，而创意者则擅长将看起来毫不相干的事物或观念联系起来找到它们组合的方式和方法，形成全新的事物或概念。

2. 改变法则

有时候用不同的眼光看一个旧东西就能有新的创意，因为眼光是新的，所以东西也就成了新的。受众之所以觉得有些东西过时了，不好看了，是因为人们的眼光在改变。创意通常是根据时代的循环而发现和挖掘出来的，往往一个创意也能带领出一个新的时代。改变法则是在一个旧的创意上再次进行挖掘的一个过程，这样也就创造了一个新的创意点。

3. 逆反法则

这个法则也可以称为逆向或反向思维技法。逆向思维往往是超脱常见规则的，能够表现出极强的反常规和反传统的特征，其开拓性和创新性也就十分明显。逆向思维大致可分为三种：缺点型、逆转型和换位思考型。

---

① 韦恩·罗特林顿. 打开创意的脑[M]. 刘盈君, 译. 北京: 中国市场出版社, 2008.

4. 模仿法则

我们日常生活中所见的创意往往都是对已有事物的创造性模仿或是改良。真正独立的、完全凭空产生的创意很少，创新度极高的创意更是难得一见。模仿是创意产生的基本方式，但是创意又不能仅仅依靠模仿诞生，创意产生过程中的"模仿"必定有其积极性，它是以再创造为目的的模仿。单纯的模仿不是创意而是抄袭和仿制。创造性模仿是在理解他人创意的基础上，根据自己的情况和项目的需求将其进行重组、改进，从而在功能和价值方面产生创新的行为。它所模仿的不是创意表面，而是深层次的东西。创意有时候也是角度的转换，换一个角度理解概念，或是换一种方式使用某种事物，就能产生令人眼前一亮的创意。

创意是文化创意产品设计的核心，没有创意的文化用品是没有灵魂和价值的。在设计中不仅要考虑其实用性，而且要从多个角度去考虑其意义和价值，文化创意产品产生于优秀的传统文化基础之上，突出设计作品以及创意文化产品的独特性。要与设计界、社会、市场同期商品相比，并且在新颖度和使用性方面都趋于领先，从而引领文化创意产品潮流，提升产品价值，才能有更好的发展前景。

第三节　文化创意产品的界定、分类及功能

一、文化创意产品的界定

（一）文化创意的概念

在众多关于文化创意的定义中，本书选取文化学者白庆祥先生的定义，文化创意是一种基于知识而诞生的文化现象，它汲取多元文化的精髓、跨界整合相关学科的知识、利用不同载体的特点对文化进行再创造与创新，使其具有新的价值和意义。文化创意方法是指用于实现文化创意的科学方式与方法，实现文化创意的多种科学途径，它们可以帮助我们更好地理解、分析、设计文化创意。

将文化创意归纳为一种文化现象是综观全局的精辟概括，同时，我们必须清楚，作为文化现象的文化创意面向的是全球化市场，它有完整的产业链以及稳定的消费者群体。虽然它有"文化"的元素，但是其主要应用于经济、管理和市场

营销等领域，因此其概念是综合性的。文化创意的主要目的是实现价值的再创造。而文化创意的价值内涵极其丰富，它包含物质价值、精神价值两大类，通俗地讲，优秀的文化创意能够为企业和社会带来十分可观的效益，这种效益不仅体现在经济方面，更体现在社会人文方面。

如此重要的文化创意，除却被反复强调的文化艺术，还应包罗万象。经济学、营销学、统计学、心理学、法学以及其他各个专业领域的广泛知识都是成就一个有价值文化创意的相关元素。文化创意绝非横空出世，它的成功需要理性和感性的绝妙配合。感性内容包括创意主体对文化的个体领悟、对所采用元素的个人选择方式等，而理性内容除包含上述众多学科的背景知识外，还包括文化创意方法论。

文化创意旨在通过新设计、新创意、新技术、新思路，创造新的物质世界，提高人类生活水平，促进人类发展。

（二）文化产品与产品文化的概念

文化产品有广义和狭义之分。从广义上说，文化产品就是人类社会所创造的所有可见的产品，无论是物质方面的还是精神方面的。狭义上说，文化产品仅指精神方面的产品。

产品文化是能够反映企业物质和精神追求的所有文化要素，其载体是企业所生产的产品；是产品的内在价值、使用价值和文化附加值的融合；是消费者群体在某一时间段内对产品个性的共同认知。

产品文化是产品的灵魂，包含三个方面：第一，产品的理念和形象，是产品给人们传递的信息和印象；第二，产品的质量和质量观，是产品文化的核心和基础；第三，产品设计中融入的文化元素，是产品文化的个性和特色。消费者在选择产品时，往往会第一时间受到产品形象的影响。有时候，产品的整体形象甚至决定了产品的成败。

品牌文化是品牌所传达的文化内涵，而产品文化则与产品的特色和功能相关。产品文化容易被其他企业模仿，但品牌文化是企业的独特标识，很难被仿制。通过合法途径注册商标的品牌享有法律的保障，其品牌文化也能相应地得到维护。此外，产品的价值由产品自身的价值和品牌价值构成，产品自身的价值在生产时就已确定，而品牌价值则是产品的附加价值。产品的价值包括产品本身的价值和品牌带来的附加价值。产品本身的价值是在生产过程中形成的，而品牌的附加价值则是产品在市场上独有的价值。

（三）文化创意产品的基本概念

20 世纪 80 年代，英国的文化创意经济发展得十分繁荣，这也促进了文化产业的发展，随后文化创意产品应运而生。当时，相关学者和专家对文化创意产品概念的讨论十分激烈。文化创意产品包含内容和载体两个部分，它们之间是相互依存的关系。文化创意产品诞生于人类创造性地融合生活中的物品和文化元素创造物品的行为过程中。在这个过程中，设计师的创造要符合时代的审美特征、满足大众的喜好；设计师要巧妙地运用设计美学原理来改造日常用品，使其富有艺术气息和趣味性。由此可见，文化创意产品就是将文化、创意和产品进行有机融合所产生的产品。

文化创意产品不仅要具有丰富的文化意蕴，还要体现与众不同的创意性，从本质上讲，创意才是区分这类产品与普通产品的主要特征。创新不仅是文化创意产品的设计和生产要点，更是我国国家发展的重要方向。企业设计和生产文化创意产品时往往是成系列或是系统的。这种设计和生产方式对于我国文化创意产业整体发展而言是十分有益的。

文化创意产品和传统文化产品之间往往有很大的区别，前者的创意会很明显地体现在其外形和内在含义上，例如在外形设计上使用新型材料，使用简化过的传统图案或融入西方设计元素进行中西合璧的纹样设计等。此外，有些特殊的文化创意产品，其创意还体现在形式的创新上，如传统的明信片是长扁形的，且尺寸上有标准比例，但是实际上邮政部门并没有规定明信片的形状或是材质，只要合理，就能够在贴上邮票之后进行邮寄。因此，市面上也诞生了许多形状新奇或使用了特殊材料的明信片。

文化创意产品的生产与制作过程、工艺与一般的类似产品不同，因此其价值和实用性也十分不确定。一种文化创意产品的价值往往取决于消费者是否能够认同其精神和文化，以及它能够满足消费者的需求。不同的消费者在评价同一种文化创意产品时往往有不同的角度，如文化方面、艺术方面或娱乐方面等，因而最后得出的结论也是不同的。消费者只有认同该商品的价值时才会为其付费。消费者的主观意愿决定了文化创意产品的评价，这就是文化创意产品价值不确定性的表现。

此外，文化创意产品的使用价值表现出潜在性和不确定性。文化创意产品的内涵是指将文化资源和创意融入产品的设计、制作和传播中，从而赋予产品独特的观念、内容和符号。这类产品的消费者不仅是为了获取产品的实用功能，更是为了享受产品所带来的审美感受和心理愉悦，以满足自己的精神追求。例如，当我们看一部电影时，我们在欣赏电影的故事和画面的同时也获得了精神和视觉上的满足。但是，电影的版权并不是我们直接消费的对象，电影版权本身没有价值，它的价值只有在版权所有者将其出售或授权给他人时才能显现出来。这就体现了文化创意产品使用价值的潜在性和不确定性。

文化创意产品中浓缩了大量知识。其设计过程是将人类社会中的某些人文、艺术知识等进行创造性融合的过程，也是一个涉及美学原理的过程，在这个过程中，设计者将自己对文化的理解以及知识储备投射到某个行业中，并将其通过产品的形式表现出来。

二、文化创意产品的分类

（一）从文化创意产品的形态来划分

从文化创意产品的形态来划分，一般可以分为有形和无形文化创意产品两大类。

1. 有形文化创意产品

有形文化创意产品是指具有物质形态和文化符号的创意商品，它们通过物质载体展现出来，例如设计图纸、绘画、音像磁带、照片、电脑软件等。这些产品丰富了社会上的消费品种类，是社会总产品的重要构成。

2. 无形文化创意产品

无形文化创意产品就是面向社会提供的创意式服务，如咨询、教学和演出等服务。创意服务主要是通过利用多种事物所构成的符号来表现出某种象征意义，从而获得消费者认同。也是通过这一过程，创意服务才有了商品的属性。

（二）从文化创意产业群层面来划分

从文化创意产业群层面来划分，文化创意产品可以分为原创类文化创意产品、运作类文化创意产品和延伸类文化创意产品。

1. 原创类文化创意产品

所谓原创类文化创意产品是指处于文化创意产业核心地位，与出版业、报业、电影业、广电业、文艺演出业、动漫产业等相结合的文化创意产品。内容性、新颖性、文化性、奇特性是原创类文化创意产品的主要特征。比如创意与电影创作结合，便生成了电影业原创类文化创意产品。好莱坞著名导演史蒂芬·斯皮尔伯格拍摄的《侏罗纪公园》就是典型的原创类文化创意产品，该影片将社会百态与科幻现象相结合，创下了当时的票房纪录。超级多媒体梦幻剧《ERA——时空之旅》，深入挖掘和利用中国特别是江南特有的民族艺术元素，综合杂技、音乐、舞蹈、武术等，以时空交错为表现手法，艺术化地展现了中华民族的悠久历史、灿烂文明。该剧自2005年9月27日在上海马戏城首演以来，票房净收入超过1亿元。该剧已成为上海城市文化新名片和都市旅游新景观剧目。

2. 运作类文化创意产品

所谓运作类文化创意产品是指将创意融入已有产业中并处于文化创意产业群运作层面的文化创意产品。运作类文化创意产品融入的产业有音像业、计算机和软件业、工业设计业、建筑设计业、服装设计业、广告业、旅游业、互联网业等。创意的转移性和创意的生命周期性是运作类文化创意产品的主要特征。创意的转移性是指创意一旦嫁接产业，即不再对创意进行深化，而是注重与产业融合的形式。比如，"分众传媒"的楼宇网络广告形式，就是创意转移至广告形式的典型说明。创意一旦转移成功，即开始了文化创意产品的生命周期。文化创意产品的生命周期与一般产品的生命周期相同，也会经历导入期、成长期、成熟期、衰退期。其生命周期的长短取决于市场同类产品的出现和新创意的生成时间。

3. 延伸类文化创意产品

所谓延伸类文化创意产品是指处于文化创意产业群边缘，与服装业、体育娱乐业、会展业、工艺品、商业服务业等相结合的创意产品。这类产品往往处于产业链的末端，其创意含量相对于原创类和运作类文化创意产品来说更少，但其生命周期比较长，而且其门类之多也是原创类和运作类文化创意产品所不能比拟的。

如美国迪士尼,其延伸产品涉及很多行业,有服装业、玩具业、工艺品、娱乐业、图书、电子游戏等。值得注意的是,运作类和延伸类文化创意产品有时又是交叉的,即运作类文化创意产品具有延伸性,而延伸类文化创意产品具有运作性。

从文化创意产业群层面进行划分的原创类文化创意产品、运作类文化创意产品和延伸类文化创意产品,其创意含量逐渐变小,而生命周期逐渐变长,操作性特征亦愈加明显。因而,文化创意产品的生成主要还是集中在原创类文化创意产品中。

(三)从文化创意产品的载体来划分

按照产品载体可将文化创意产品分为衣、食、住、行、用五类,下面主要介绍前三类。

1. 衣——服装及配饰

现代社会,服饰的主要功能不再是保暖或是遮挡隐私部位,而成了一种彰显穿着者审美品位和社会地位、点缀生活、愉悦身心的商品。服饰是文化的重要载体。"衣"包含了服装和配饰两大部分。以我国传统的旗袍为例,旗袍从颜色、材料、图案到剪裁,其设计无不充满了文化的浸染。

2. 食——饮食及器皿

食的主要作用在于果腹。目前"食"文化主要包含饮食和装盛饮食的器皿两部分。例如故宫推出的"朕的心意"系列中的海错图曲奇饼干就是以饮食为创意主体设计出的文化创意产品。设计者以现代化的载体展现了传统文化,表达了对传统文化的崇敬之意。而将传统文化中的经典作品海错图与现代的甜点融合,既展现了现代化的审美和设计理念,又是对传统文化的有效传承和创新。

3. 住——家居及摆件

随着社会和经济的不断发展,国民的生活水平得到了显著提升。人们在选择家居物品和摆件时也不会仅仅思考其功能,而开始更多地关注产品的文化、创意和美观属性。针对消费者的这一需求转变,众多企业开始生产既有丰富的文化内涵又能给消费者带来情感体验,且具有现代化设计感的文化创意产品。例如大英博物馆推出的"罗塞塔石碑"抱枕,在抱枕上设计了颇具神秘感和趣味性的文字,让抱枕增加了文化的韵味;故宫生产的海错图装饰画也是极富文化气息的家居商品。

（四）从文化创意产品的设计对象来划分

文化创意产品的内涵比较丰富，国内外学界对其内涵和外延的界定并没有统一的标准，对文化创意产品的分类依据也各不相同。从设计对象的角度进行分类，文化创意产品可以分为以下几类。

1. 旅游纪念品

旅游纪念品就是人们在旅游途中所购买的融合了当地文化特色的礼品。旅游纪念品是城市的名片，体现了城市的文化底蕴和时代特色，是城市形象的缩影。目前，常见的旅游纪念品包括博物馆以及观光景点根据自己的特色所推出的文化创意产品。

2. 艺术衍生品

艺术衍生品，从字面上理解就是根据艺术品的特征设计出的商品，相较于艺术品而言，艺术衍生品更容易被大众喜爱和接受，也更容易打开市场。艺术衍生品是大众消费艺术品的一种形式，它让喜欢艺术品的普通大众不再局限于对艺术原作的欣赏。从侧面讲，艺术衍生品流入市场也促进了艺术的发展和传播。

艺术衍生品作为文化创意产品的一个门类，其主要目的是从商业渠道推广艺术作品。这类商品的设计以中国传统文化和西方古典文化发展中创作出的著名艺术作品为创意来源。

3. 生活美学产品

生活美学指的是人类对生活的美感和品质的追求，它源于人们在物质充裕的基础上产生的精神层面的渴望。设计者通常在对生活细致观察的基础上，将自己对生活的体验与理解融入产品设计的细节中，从而设计出美观、实用，甚至能够引领生活潮流的产品。

4. 活动与展会文创

这类文创商品主要是为了会展、庆典等活动专门设计的产品，具有极高的纪念和宣传价值，它们通常发行时间较短，当活动截止时往往产品就不再进行生产和出售。这样可以保证产品的独特性和珍贵性，但也限制了产品的市场空间和持续性。

5. 企业与品牌文创

企业与品牌文创商品的设计出发点是满足企业和品牌的发展需要，其主要目的是展示企业文化，丰富企业文化的内涵。推出联名文创是目前品牌与品牌之间进行合作的十分有效的方式之一。这种形式可以丰富品牌的形象，大幅度拓展消费者市场，同时给消费者提供多样化的刺激与选择。

（五）从文化创意产品的文化属性来划分

在文化创意产品的内涵中最重要、最具标志性的方面是产品的"文化"属性，它是文化创意产品区别于传统产品的本质特点。根据产品的属性，文化创意产品可大致分为以下几类。

1. 自然类文化创意产品

自然类文化创意产品直接来自自然资源，在经过简单加工后直接进入流通环节，具有一定的文化价值、观赏价值、收藏价值和纪念价值。这类产品由于受到较大自然环境的影响，数量稀少，产品相也各不相同。自然类文化创意产品由于受人们主观意识影响较小，严格来说不应归为文化创意产品范畴，但是，其由于受到历史文化和人文因素的影响，原生态自然类产品被人们赋予了一些文化意义，因此属于文化创意产品中较特殊的一类。

2. 工艺类文化创意产品

工艺类文化创意产品主要以手工生产为主，大体上可分为手工艺产品和工艺美术品两大类。手工技法是技艺的体现，较为典型的代表有陶瓷、木雕、石雕、刺绣、漆器、玉石、泥塑等。随着科技的进步，现代化的制作技法和新材料被大量运用在手工艺产品上，从而形成了具有现代化气息的工艺类文化创意产品。

3. 设计类文化创意产品

设计类文化创意产品是一种将文化元素与设计手法相融合的产品，设计师创造性地利用线条、颜色、形状等造型语言并进行整理、提炼和重新整合，采用平面或立体的表现形式，借助先进的生产工艺与设计思想，实现量化生产，从而使其更具功能性和现代感。

（六）从创意与不同领域的融合来划分

文化创意产业通过分散的个体劳动、简单协作的集体劳动和社会融合劳动来组织生产，由此产生了文化创意产品。从创意与不同领域的融合来划分，文化创意产品可分为艺术性文化创意产品和经济性文化创意产品两类。

1. 艺术性文化创意产品

所谓艺术性文化创意产品，是指存在于文化产业领域中的文化作品。艺术性文化创意产品是文化产业化的核心，其创作者往往是来自文化领域（文学艺术、视觉艺术、传媒艺术、表演艺术等）的艺术家们。这些作品包括小说、画、话剧表演等。

2. 经济性文化创意产品

所谓经济性文化创意产品，是指将创意元素融入传统产业生产过程而出现的产品。将创意与传统产品融合能够有效提升产品的附加价值，从而让产品在市场上有更强的竞争力。造型新颖奇特、富有趣味，附加价值高是经济性文化创意产品的突出特征。

对于这类产品而言，其价值不可避免地要通过其使用价值来体现，但是随着时代和行业的发展，使用价值在价格中的比例越来越小，创意元素的融入成了决定这类商品价格的主要因素。如现今非常流行的体验旅游，打破了传统旅游以观景为主要内容的理念，创造性地推出了观景与互动融合的情境旅游和体验旅游。

三、文化创意产品的功能

（一）美育和教化功能

文化创意产品不仅具有审美价值，还具有教育作用。消费者在观赏和使用时能感受到其传递出的文化意蕴。人们购买的很多文化创意产品都是在参观完景点、艺术品或是学习某些文化知识后购买的，在欣赏和使用这类产品时，产品就成了人们场景体验的延伸。消费者可以将这些产品带回家，与家人和朋友分享文化的魅力。其中，针对青少年儿童设计的文化创意产品中的美育和教化功能尤其突出，无论购买者是谁，最后都会在青少年身上体现出积极影响，这是非常有意义的。部分文化创意产品以"材料包"的形式出现，消费者可以按照说明书自己动手制作，这样，消费者既能得到乐趣，又能在制作过程中学到某些知识，达到寓教于乐的效果。

（二）满足用户文化需求的功能

文化创意产品具有特殊性质，它不仅具有丰富的功能属性，同时也含有极高的文化附加价值。文化内涵是其重要的价值所在，可以使文化创意产品满足消费者的文化需求。功能性也是文化创意产品的重要属性，消费者在选择文化创意产品时不仅会被其文化价值所吸引，也会关注其实用性。创意对于文化创意产品而言是非常关键的，仅有文化的融入并不能满足文化创意产品设计的需求，将文化与创意融合，产品的文化属性和商品属性在创意的融合下浑然一体才是优秀的文创产品设计。在理想状态下，消费者和设计者就会因为产品上附着的情怀而产生共鸣，从而决定购买。

  国内的文化创意产品设计还在起步阶段，但也有许多能充分展现文化内涵的产品设计，如苏州博物馆曾以"衡山仰止——吴门画派之文徵明特展"活动为出发点设计了"衡山杯"，这一产品不仅设计感十足，且极富文化意蕴。文徵明号"衡山"，故此杯具如一枚"衡山"印鉴；杯身色泽质地模仿北宋汝窑瓷器风格；杯底有"衡山"的朱文印，凹下之处被施以红釉。"文衡山先生手植藤种子"也是该系列文化创意产品中的一个，其创意源自苏州博物馆内的文徵明手植藤，博物馆文创设计者从中提炼出文化元素，并进行设计和包装，让藤蕴代表了"文脉"的含义，种子在这里象征着文化的传承。这样的文化创意产品，不仅具有实用意义而且具有丰富的文化内涵，极具情怀意义。

  文化创意产品不仅是商品，也是文化的载体和传承形式。它们在增强公众的文化自觉性和提升公众对本民族文化的认同感等方面，与非物质文化遗产有相似的作用。文化创意不仅给面临生存困境的企业创造了一条改革和突破的道路，还给那些即将消失的传统工艺传承下去的机会。优秀的文化创意往往能给企业和濒临消失的传统文化以转机和新生。台湾云林县兴隆毛巾观光工厂产品策划的设计就是典型的转型案例，它属于"工业文创化"的概念。该工厂原本状况堪忧，后来根据策划方案，设计师对毛巾的造型进行了特别的设计，之后销售量随之大幅增长。最具趣味的是厂家设计了包装捆扎成蛋糕和冰激凌造型的毛巾。这家工厂在文化创意产业方面的思路已经不止于常规毛巾的生产，还包括邀请游客们参观工厂中的毛巾制作车间等，其开放性的设计理念独特有趣，可以使产品附加值大幅提升。

  文化创意产品体现了"文化+创意"，二者的结合对于经济发展具有推动作用，它可以辐射多个产业，以其典型特征推动区域经济的发展，对于传统行业转型有着重要的启示，它更可以使消费者产生具有文化性的消费行为，借此提升国人对于本土文化的认知。文化创意产品的功能远不只是当下人们目之所及的部分，在现代化设计中，文化与高新技术进行深度融合，产生了全新的功能，从而让文化创意产品有了更高的附加价值和知识性特征。现代文化创意产品设计往往具有极为精准的切入点和完整的设计策划，从而在极大程度上提高了产品的附加价值，实现了文化和产品"一加一大于二"的效果。

第四节 文化创意产品的创新要素

文化创意产品的本质和设计的核心要素是创新。当前，我国的文化市场竞争日趋白热化，企业要想提升自己的竞争力，首先就要从创新方面入手。文化创意产品的创新需要要求设计者具备高超的创造能力，能够利用现有的文化资源，设计出别具一格的产品。本节从创意点的角度对文化创意产品设计的创新进行了探讨。

一是造型创新。根据文化元素选择的不同，文化创意产品的外观造型也会有很大的区别。因此，文化创意产品的创新可以从文化元素的运用方面入手，通过独特的设计创造出丰富的造型形象。

二是色彩创新。在产品设计表现中，色彩的重要性不言而喻，色彩能对人的感觉产生非常大的影响，例如，粉色等暖色调能够让人感到心情舒畅，情绪激动；黑色、灰色等冷色系则能让人感到清冷和忧郁。对于文化创意产品的设计而言，色彩能够影响产品对审美的表达，和谐的色彩搭配能够让人产生良好的心理体验，让产品别具一格。

三是功能创新。功能是文化创意产品的另一要素，其设计不仅要在造型上寻求创新，还要在功能上突破传统。如今，大多数产品的功能都是多元化的，大部分文化创意产品兼具实用性和审美功能。因此，功能的创新也是文化创意产品设计的创新方向之一。

四是结构的创新。产品的结构对产品的功能有直接影响。结构的创新能为产品带来更多功能，文化创意产品的结构创新不仅是为了创新功能，还能呈现独特的结构美感。

五是材料创新。文化创意产品设计是一个非常广泛的范畴，所能使用的材料也是五花八门，不同材料的性能和质感都有所差异。随着现代科学技术的不断发展，材料的种类也越来越丰富，因此文化创意产品设计要不断尝试新的材料和工艺，让产品呈现出不同的质感和视觉效果。

根据以上叙述可知，文化创意产品设计要重视多维度的创新，故宫文化创意产品之所以能够在网络走红，就是因为它们用新颖的方式展现了古老的文化，赢得了大众的认可和喜爱。因此，提高文化创意产品的创新水平，是我国文化产业发展的必要条件。

第二章 文化创意产品设计的要素分析

本章是文化创意产品设计的要素分析,介绍了字体要素、图形要素、色彩要素、视觉流程及编排要素这几部分内容,了解产品设计各要素是开展创意设计的基础。

第一节 字体要素

一、字体设计的原则

（1）简洁性

文字在我们的生活中无处不在,并且作为设计作品中重要的视觉传播语言,在设计中占据着举足轻重的地位。在进行字体设计时,首先应考虑将文字以简洁的姿态编排于版面中,使文字具有较高的辨识度。通过把握文字结构、逻辑关系等因素,并结合点、线、面等设计理念,可使版面中的文字清晰可见,让读者能够较为畅快地进行阅读。

（2）易读性

文字是日常生活中重要的记录符号和表述语言,也是不可或缺的信息传播手段,因此,文字对于视觉传达设计的重要性是不言而喻的。在对创意设计中的文字进行编排时,保证其在版面中的易读性是保证页面信息传播效率的重要因素,通过选用最恰当的字体,并对其进行合理的设置,可以在一定程度上提高版面中文字的可读性与易读性,增强版面的形式美感。

二、字体设计的创意

通过运用艺术性的表现手法,将设计者的艺术想象力和创造意识融入字体中,可赋予字体新的形态和感情,从而引发读者对画面空间的想象力,增加读者对画面情感的领会。特殊的创意表现手法非常多样，在大胆创新的同时，还要注意抓住对字体基础知识的理解，遵循字体设计的原则，把握问题的准确性，使字体在版面中进行有针对性的表达，这样才能使对象语言得到更好的传播。

（1）将文字具象化使其形象生动直观

文字的具象化是指将抽象的文字进行设计和编排，使其与图形相结合，最终以具象化的图形样式呈现在读者面前。文字的图形化能使人快速地理解和体会画面所要传达的信息内容，并直观地给人留下深刻的印象。抓住文字和图形共同的属性和特征，把握好两者之间的关联性，在版面中进行合理的编排，能使画面更加有趣和生动。

（2）抽象字体的使用提升版面的艺术性

与具象化的文字表现使版面内容更直观的性质相反，抽象字体的应用使版面内容丰富多变，还可以提升版面的艺术性，同时带来完全自由洒脱的动感，它不仅没有任何拘束性，还能让读者在欣赏的时候能被画面中的艺术美感所吸引，感受到画面中的活力与灵动。

第二节　图形要素

一、图形的类别

（一）东方传统图形符号

东方文明，以中国的文化为典型的核心，其重点强调"天人合一""求全思想"两个方面的内容，追求的主题是"形神兼备"，其设计都可以非常多地体现出其主观因素在创作过程中的主导性，表现出使人极为惊叹的艺术想象力。

在中国古代流传下来的神话和传说故事中，龙作为一种非常神异的动物而存在，是具有九种动物合而为一的"九不像"形象。龙本来属于原始社会时期发展形成的一种图腾崇拜标志，传说中龙能显能隐、能细能巨、能短能长，还可以春分登天，秋分潜渊，呼风唤雨，无所不能。

（二）西方图形符号

在早期西方文明的发展中，理性思想的地位非常高。在文艺复兴之前，欧洲的艺术创作都以摹写和写实为主流，在视觉形象方面的创新比较少。

文艺复兴之前，西方艺术中图形的运用往往是创作者根据自己的需要在平面上进行排列。直到印象派发展并流行，人们开始运用透视原理进行创作，在二维平面中展现三维空间，其中的代表如达·芬奇的著名画作《最后的晚餐》。

立体派艺术家运用块面结构来分解物体，在作品中呈现体与面的相交与叠加，创造了与自然截然不同的艺术空间类型。立体派艺术家主张从多个角度和视点对物体进行多维度的观察和分析，从而形成全新的空间概念，这能对现代图形思维进行大幅度的拓展。

二、图形的发展历程

在图形的发展历程中经历过三次重要的革命。

第一次革命发生在原始社会时期，人类创造性地将符号转换成了文字。文字的出现使得符号更有规范性，并成为人类记录事件和识别事物的重要方法。文字的出现也使信息传播的范围得以扩大、速度得到了提升。

第二次革命发生在我国古代，原因是造纸术和印刷术的发明。纸张被创造出来后，文字和图形的传播和应用变得更为广泛和便捷。印刷术则使得视觉信息能够批量复制，大幅度提高了文字和图形信息的传播效率。

第三次革命发生在19世纪的西方世界，原因是科技与工业的迅速发展，如摄影技术的出现和不断发展，使得制版的方式和印刷技术产生了颠覆性的变革。基于这次革命，图形传播的广泛性得到了飞速的发展，图形也成了世界性传递信息的语言。

如今，电子技术和高新技术的不断发展为图形的传播提供了极大的助力，甚至让图形的传播不再受限于时间和空间，图式的传播能蔓延至世界的每个角落，信息的受众范围也扩大至全体人类。

三、现代图形特征及设计原则

（一）现代图形的特征

优秀的现代图形虽然风格上存在很大差异，但是也有一些相似的特征，具体如下。

1. 准

这一点主要是指图形在传达信息方面的准确性。现代图形在设计方面往往对相关观念进行了深入挖掘，因此所选用的形象语言在表达方面更加精准、直观。

2. 奇

这一点主要是指图形具有极强的创造性。优秀的图形必定具有强大的吸引力，这种吸引力的来源就是其极富创造力的、新颖的视觉形象。优秀的设计作品在形象上大都有差异化、个性化和原创性的特征。

3. 美

这一点主要是指图形的艺术特征。图形具有典型的审美价值，这也是其在表达上具有优势的主要原因。现代图形不仅关注本身的信息传达能力，也重视表现层面的诗意美。优秀的图形设计往往具有特殊的视觉效果，或简练或繁复，或传统或前卫，其艺术形象大体上都符合形式法则，能让观者感受到思想和情感层面的满足。

（二）现代图形的设计原则

1. 通俗性、准确性

图形具有典型的艺术象征性，它本质上是一种符号。图形能够通过形象塑造来加强信息的传递，因此在图形设计过程中，设计者要充分考虑观众的思维方式和审美习惯，并了解符号在社会上代表的含义。

2. 创造性

图形设计中的创造性可以从两个方面理解：首先是对图形语汇进行创造性的挖掘，其次是创新表现形式。

3. 艺术化

现代图形大都在重视信息传递的基础上强调表现形式的艺术化。因此，设计者要从不同的艺术形式中探索表现风格的艺术化，同时融入中外文化的艺术审美，让作品更具艺术感和时代感，从而提升图形的艺术价值。

总之，现代图形设计既要遵循一定的表现逻辑，又要寻求外在形式的创新。使图形能够为设计者创造一个巨大的想象空间，通过图形的选择与巧妙运用，设计者能够将自己的情感、幻想、技巧和思想等融入设计中，从而更加精准且充分地表达自己的意念。

四、图形设计的价值与意义

（一）图形具备信息传播功能

现代的图形语言形象往往十分简单，容易被受众所识别和记忆，因此在传播方面极具优势，它们信息含量丰富、传播速度较快，能够精准地表达信息，具有超越时空、地域和文化限制的强大传播动力。在信息化社会中，图形的强大传播能力使其无法被替代。

（二）图形语言直观，传播效率较高

语言文字的叙述是抽象的，其受众首先需要通过眼睛或耳朵接收信息，然后再通过大脑分析加工，最后转换成形象，从而生成自己的判断或是想象，这个过程是理性的。图形则以非常直观的形式将信息通过眼睛传递给人的大脑，使其做出相应的判断，由于这个过程省去了分析和转换的过程，所以这个过程则是感性的。

（三）图形有潜在的商业与社会价值

图形设计能够面向广大群众传递公益、文化、商业等方面的信息，因此能够有效为现代社会的文化、商业、社会发展等方面提供相应服务。

第三节 色彩要素

一、色彩的种类

（一）原色

原色是用于合成其他颜色且不能继续分解的色彩。色光的三原色为红、绿、

蓝，它们可以合成任何一种色彩，三者叠加产生白色光；颜料的三原色为品红（明亮的玫红）、黄、青（湖蓝），理论上将它们也能调配出任何一种色彩，三者叠加产生黑色。但实际上，常用的颜料中除了色素之外还有其他化学成分，因此在调配颜色时，颜色的纯度就会发生改变，调和的色种越多，色彩的纯度就越低，颜色也会更加暗淡，因此颜料的三原色叠加产生的是一种黑浊色。

（二）间色

将两种原色混合能得到间色。色光的间色有三种：品红、黄、青（湖蓝），有的彩色摄影书籍上将其称作"补色"。颜料的间色也有三种：橙、绿、紫。从以上叙述中可知，色光三间色与颜料三原色相同，这也使得色光、颜料和色彩之间形成错综复杂的关系，从而构成了色彩的原理与规律。

（三）复色

复色的形成有两种方式：一是颜料的两个间色混合；二是颜料的原色与其对应的间色混合，其对应关系为红对应绿、黄对应紫、蓝对应橙。

复色中含有三种不同的原色，不过原色间的不同比例，可以形成不同的灰调色。不过，色光三原色叠加得到白色光，因此色光没有复色也没有灰调色。

两种色光间色叠加会形成较浅的原色光，例如：

黄色光+青色光=红色光+绿色光+蓝色光=绿色光+白色光=亮绿色光

二、色彩的要素构成

色彩是一种光的现象，物体的色彩是光照射的结果。真正揭开色彩产生之谜的是英国科学家牛顿，他将透过小孔的阳光用三棱镜进行分解，产生了包括红、橙、黄、绿、青、蓝、紫七种颜色的光谱。

（一）色相

色相指的是色彩的相貌，如红、橙、黄、绿、紫。

当黄色加入白色之后，会显出不同的奶黄、麦芽黄等，但它的黄色性质不变，依然保持黄色的色相。

色相是彩色最重要的特征，它是由色彩的物理性能决定的。由于光的波长不同，特定波长的色光就会显示出特定的色彩感觉。在三棱镜的折射下，色彩的这种特性会以一种有序排列的方式体现出来，人们根据其中的规律性，便制定出色彩体系。

色相的数量并不确定，光透过三棱镜折射出七种颜色：红、橙、黄、绿、青、蓝、紫，但是相邻颜色之间是渐变的，因此在相关研究中，不同学者划分色相的方式就各不相同了，色相就出现有8种、20种、24种，甚至100种等。它们的排列根据光的波长秩序，表示的方法为"色相环"。每一种色相都有一个明确的称号，但通常总是用"深""浅"来表示，这样是无法将几千几万种色彩加以区分的。因此，色彩的研究者为了科学地区分色彩，运用了各种标示的方法。

基本的色相有六种，分别是红、橙、黄、绿、蓝、紫，在它们之间插入对应的中间色，再按照光谱顺序排列，在圆环上就是十二色相环，进一步便是二十四色相环。在色相环上，相邻色彩的间距是相等的。

国外的颜料上都有色相的明确标识，例如10PB，指的就是带紫的蓝中第10色。另外，某一种色相和黑、白、灰调和，无论产生多少种明度、纯度的变化，它们都属于同一种色相。

在设计中，设计师在一个体系中找到合适的色相是要仔细斟酌的，甚至在直觉性选择之外还需要借助理性的分析，才能做出决定。比如红色在设计中的使用过程中，朱红、大红、深红等各种红色之间存在相当大的差别。

（二）明度

色彩的明度是指色彩的明亮程度，也叫光度或深浅。色彩中白色的成分越多，明度就越高；相反，黑色的成分越多，明度就越低。

无彩色是除了彩色以外的颜色，如黑、白、灰。无彩色白色明度最高，黑色明度最低。白与黑之间存在一系列从亮灰到暗灰等明度不同的灰色，这种明暗的变化称作"明度系列"。在光源色中，这种变化也叫作"光度"或"亮度"。有彩色中的明度也是不同的，明度最高的是黄色，最低的是紫黑色。

色轮可以有效帮助我们区分色彩的标准明度，对于设计者而言，掌握对色彩明暗的准确区分是非常重要的。

(三)纯度

色彩的纯度又称"饱和度",它是指色彩的鲜艳浓度和纯净度。纯度的高低决定了色彩包含标准色成分的多少。在自然界,人类视觉能辨认出的有色相感的色都具有一定程度的鲜艳度。然而,不同的光色、空气、距离等因素,都会影响到色彩的纯度。比如,近的物体色彩纯度高,远的物体色彩纯度低;近处树木的叶子色彩是鲜艳的绿,而远处叶子则变成灰绿或蓝灰等。

在光色中,各单色光是最纯的,颜料是无法达到单色光的纯净度的;在颜料中,色相环上的色彩是最纯净的,而任何一种间色都会减弱其纯净度。

在人眼所能观察到的色彩中,大部分纯度都不高,即颜色中含有一定的灰色,纯度的变化极大地丰富了色彩的种类。不同的色相之间既有明度的区分也有纯度的差别。例如,红色的纯度最高,黄色次之,但是绿色的纯度却只能达到红色的一半左右。在设计工作当中,色彩的选择在很大程度上受到其纯度的影响。

三、文化创意产品色彩的设计原则

色彩的设计与应用是为了突出产品,在设计的主题确定后,色彩设计才正式开始,设计师要根据产品的性质来进行色彩设计。每个产品都要有它独特的特点和个性。色彩能够刺激消费者的视觉神经,色彩的明度能带动消费者的欣赏情绪,让消费者了解产品主题。例如,对于红色历史题材的产品,我们就可以选择大红色作为主色调。

相同的色彩运用于不同的场所,其所蕴含的含义也不一样。比如,儿童产品和餐饮产品的色彩运用,虽然二者都擅长使用暖色系,但在氛围营造上却有很大的区别。儿童产品暖色系的使用主要想提高大众的想象力与购买欲,而餐饮产品使用暖色系,注重的是卫生与温馨的氛围,同样的色彩可以带给大众不同的体验。

在色彩的设计中遵循色彩自己的特征。比如,首先纯度、明度和彩度,它们之间既能够相互制约,也能够相互促进,因此在色彩的设计过程中要考虑这三方面因素。其次还要考虑色彩的面积,以及是否能给参观者造成错觉。在设计不同主体的产品时,色彩氛围也应该有所区分。在不同的国家,不同的色彩可能代表着不同的含义。因此，在进行文化创意产品色彩设计时，要考虑到这方面的原因，尊重每个地区、每个国家的民族文化。

第四节 视觉流程及编排要素

一、视觉流程与编排空间构成

（一）人的视觉流程

视觉流程是指视线作用于画面空间的过程。人们在阅读版面时，一般都是由左到右、由上到下、由左上沿着弧线向右下方流动。所以，编排视觉流程是一种视觉的"空间运动"，视线随着版面的各视觉要素在空间沿着一定轨迹进行运动，从而形成一定视觉习惯。

在特定尺度的空间中，版面的不同部分会在视觉吸引力和功能方面有所不同，通常版面上方的视觉诉求力比下方大，左侧比右侧大。版面设计不同的视域、不同的重心、不同的导向会产生不同的心理感受，如上半部给人轻松、漂浮、自在、积极向上之感，下半部给人稳重、消沉、低迷、压抑之感；左侧给人轻松、自如舒展感，右侧给人束缚、紧张、局促感。

设计画面与视觉元素都是静止的，而观者的视线是流动的，因此设计者应利用诸种元素间的差异，作出有序的配置。有计划地调整视觉元素之间的综合关系，能使画面获得自然严谨的视觉程序，对信息传达次序亦能起到引领和带动作用。设计师还必须了解人类生理和心理的视觉规律，明确人们的"最佳视域""最佳视域区""最佳焦点"和普遍的"视觉流程"，这样才能设计出好的版面。编排设计应结合主题，按信息传达的具体目的来制定视觉流程，这也是版式设计的基本要求。

从种类上划分，视觉流程基本可分为重心诱导、位置关系、导向式、形象关系、散点式五种；若从视觉顺序的角度划分，又可分为反复式与单向式两种。

1. 重心诱导流程

重心诱导流程适用于信息传达主次划分不是十分明确的主题。版式设计中的元素编排，往往将观者的视线开□含蓄地安排在版面的重心位置，这种组织方法需要在版面中配置一个在动势与□向上与重心点相反的形态，从而使画面整体获得足够的视觉张力。只有这个因□存在，重心位置才会被引导和强调出来。

2. 位置关系流程

位置关系流程适用于追求单□感的设计，它是编排设计的常规技巧，清晰而有条理，在视觉浏览方向上强调□序性，如上下、左右或对角关系的顺序关照。它往往利用人的自然视线过程组□画面，引导视线逐点向既定方向前进。

3. 导向式流程

由潜在（虚示）或显在（明□）骨骼引导的视觉流程，转化为视觉元素间的组合关系主要有两种：以连接的□态引导出视觉主体和以分离但相互呼应的形态（动作、姿势或眼神）引导出视□主体。

4. 形象关系流程

形象关系流程所使用的形式□段，是利用形象吸引力分清主次秩序。在对视觉元素的布局安排上，主要以点□面的对比关系衬托视觉主体，而面通常是背景，是画面的底层，点则是画面的视□主体，处于前层。面与点的存在关系具有两方面的价值。一方面是以形式的手□加强视觉主体，以达到更为有效的信息传递，面与点之间往往存在明度、色彩□大小、虚实的对比关系，并以此将点衬托出来。另一方面，从设计创意的角度看□面是设计所营造的整体情境，是氛围的载体，而处于其中的点则被面烘托和包□，使主题印象得以深化，形成一个更加有力的信息传达整体。

5. 散点式流程

散点式流程应用于视觉元素□样且需同时展示的设计，比如需要将产品做全景式展示的商品广告，散点式构□可以营造丰富充实的品牌印象，从而增强人们的购买欲望。

6. 反复式流程

反复式视觉流程是将视觉元□较为平均地散布，或是将其导入一个视觉循环系统，在视线游走的过程中，对□设计元素反复进行观照。这类视觉样式多被应用于需要将视觉元素并列展示的设□（如散点式流程），或是画面具有强劲动势及视觉张力的设计中（如重心流程□。

7. 单向式流程

单向式视觉流程是指版式设计中的强势诱导因素占据主动态势，逐步推出视觉主体的设计手法。比如位置关系、形象关系及导向式的视觉流程，都是按照既定顺序将视觉传达的主体加以突出的，视线的流动过程也是以单向秩序为主的。

（二）编排空间构成

编排设计的版面通过空间分隔可将各种信息按照功能、逻辑有序地进行组合和分列。对版面空间构成的把握主要反映在理性化的分隔、感性化的分隔及虚实空间三方面。

1. 理性化的分隔

理性化的分隔最常见的表现为网格设计。网格设计又称"网格系统"，是现代国际上普遍使用的一种编排构成方式。它在版面确定好比例的格子中分配文字和图片，重视版面的连续性、清晰度，给人以整体、严谨的秩序感。这种方式广泛应用于各种书籍、杂志和样本设计之中。

2. 感性化的分隔

感性化的分隔打破了网格设计严谨的分隔方式，是按照设计者的感受来界定版面区域划分的编排构成方式。版面空间中信息的主次顺序、形象之间的平衡关系主要通过直觉来处理，通过自由的编排方式来表现设计者的创意。

3. 虚实空间

虚空间是针对占据版面形体的实空间而言，这个空间因表现形体之外或形体之后的背景往往被人忽略。然而，虚空间与实空间具有同等重要的意义。若没有虚空间的衬托，人的视觉就无法集中。留白是虚空间的特殊表现手法，如果把空白当作实体，把文字和图当空白，就会发现空白的形状和衔接方式、大小、比例、方向等决定着版面的设计质量和深度。可见，编排设计中虚实空间的处理，是为了更好地烘托主题、渲染气氛。虚实处理得当，会使主题鲜明突出，给观者留下联想的空间。

留白以它白色空间的单纯及感染力提升整体画面的审美意境、人文气息，留白较之于满版的设计编排更具人文气息，能使画面产生有序、沉静、沁人心脾的澄澈之美。

二、编排的形式

（一）标准型

标准型编排各部分从上到下依次是图、标题广告文、商标字体。这种编排方式简单又不缺规划性，能够有效吸引观者的注意力并引导他们完成阅读。

（二）对称型

在编排的形式中，对称型较为常见，一般以追求完整、匀称、严肃、庄重、大方为美学准则。

（三）图片左、右置型

这种设计一般采用图形左（右）放置，留出空间给中英文字体，字体采用对比的手法。这种手法视觉流程清晰，便于阅读。

（四）重复型

这种编排中视觉元素和信息元素重复出现，能够有效吸引消费者，且让整个画面更加统一，如书籍的编排。

（五）自由型

自由型主要指设计不拘泥于形式，编排活泼。如报纸版面，连环画或杂志读物、路牌广告等常采用这种方法。

（六）中轴型

这种编排中各类信息都围绕轴线排布在两侧，给人平衡、冷静的感觉。中轴线不一定是一条线，也可以是空隙。

（七）四点型

布图时均有一单元与画面的四边接触，一个单元碰到另一个单元边，而其他的各边由其他单元去接触，画面生动、醒目。

（八）文字型

文字型，顾名思义就是以字体为主的编排形式。

(九)上下横跨型

标题或图片开始往下延伸，广告文、字体或其他单元横跨右边缘，此型既稳健又值得重视，易引起读者的兴趣。

(十)字图型

图形排列成字体，并将设计物的各单元排列成字体形式。

(十一)指示型

指示型是指图形或者图表指向广告内容。

第三章 文化创意产品设计的创新技巧

本章是文化创意产品设计的创新技巧，包括文化创意产品设计的步骤以及文化创意产品设计的技巧与创新这两部分内容，文化创意产品设计的创新理论，可以很好地指导我们开展创意设计。

第一节 文化创意产品设计的步骤

人类有很强的自我存续天性，不仅会追求具有生存性的物质消费，而且会追求自我显示，会追求地位、名气、荣耀等享受性的精神文化消费。生活再不济的人也会渴求美，也需要娱乐，也希望获得知识。

时代在进步，生产力也会不断地发展，人们被压抑的精神文化需求逐渐被释放，对文化消费的需求日趋旺盛。随着文化消费的趋旺，为便于交易，文化产品生产者、消费者、交易者往往会在特定区域集中，并逐渐建立起一个文化消费、交易所需要的平台，从而自然而然地形成文化消费市场。

文化产品的策划离不开客观条件的限制，如背景资源、产品需求、市场容量等。文化产品策划的对象以终端消费者为主，研究消费者的需求以及购买行为特点是产品策划的关键，而认识消费者的需求和购买行为特点就需要进行充分的市场调研。

文化产品受资源条件、组织机构条件、法律限制范围等各种条件约束。预先对文化产品策划的市场环境进行细致分析，找出各种可能的约束条件，是拟定实际可行的策划方案的前提条件。

当下有很多值得挖掘的文创产品市场，如手账文化，可以调查该类型产品在行业市场的总体销售（或服务）特征、行业市场的变化发展趋势，同类型产品的开发情况、行业占比、覆盖率、公众关注度、知名度，在现有市场条件下还有多大的市场价值尚待开发、继续挖掘的潜力有多大等。

受众调查是文化消费市场调研的重中之重，调查内容包含目标受众的群体特征、地区分布、文化心态等。针对商业性质的文化产品，还应侧重调研消费者的购买动机、消费能力、消费态度、服务要求、消费习惯、消费喜好等，如消费者购买本产品时考虑了哪些因素？其中最重要的影响因素是什么？消费者对产品的需求量有多大？消费频率受哪些条件影响？产品价格在什么水平最具竞争力？结束了对文化消费市场的调研后，就可以开始进行产品设计了。

一、设计目标

在文化创意产品设计过程中，通常会遇到这样的情况：随着设计的开展与深入，大量的信息和问题就会随之而来，这些问题会让设计者无从下手。所以，我们必须在设计开始时就弄清楚创意产品存在的问题。

要弄清楚上述问题，必须将文化创意产品的设计放置于"人—产品—文化—环境"这一系统中。在这个系统中主要涉及人的文化与审美需求，如产品如何承载文化，以及承载什么样的文化。而系统中的"环境"主要包含产品系统环境以及社会人文环境，只有在这个系统之内考虑文化创意产品的设计，才能完全确定设计问题的存在形式，进而明确设计目标。

二、设计分析

进行设计研究、分析问题、设计市场所需要的文化创意产品，是每个设计者都清楚的流程。设计活动不是封闭的活动，而是由设计师综合产品机能、社会文化等因素进行编码，然后由消费者进行解码的符号性活动。而对于文化的编码必须站在消费者的认知角度进行，所以要应用创意方法将文化的内涵与当代的生活方式、审美情趣、文化心态相结合。

设计的成功与否，关键在于设计师的编码和消费者的解码过程是否形成统一。如果消费者能够在文化心态和审美趣味等方面认同产品，说明这个设计是成功的，反之则是失败的。要想使设计取得成功，就必须站在消费者的角度对文化创意产品的诸要素进行分析，力求将设计中将要涉及的问题分析透彻，做到心中有数。

（一）准备调查

了解各种存在的问题，在必要的范围内对市场需求做调查，分析现有技术的应变可能性，初步确定性能标准（产品性能说明书），对假设性问题予以确认。调查的内容包括社会调查、市场调查和产品调查三部分，依据调查结果进行综合分析，提出相关措施。

（二）收集整理信息

通过市场调查，收集整理有关的产品资料，其中包括产品的功能、原理、操作方式、技术特性、材料特性、零部件规格、应用场合、使用者类别、地域性因素和同类产品的竞争资料等。

（三）可行性分析

在收集整理产品资料的基础上，对产品的结构、功能、造型、色彩、材料、成本、规格、广告设计等方面做详尽合理的分析研究，为可行性分析奠定基础。

三、设计构思

构思创意指在可行性分析的基础上，画出产品结构图、制出工序流程图初稿，并制定出相应的技术规范、质量要求和工艺标准，同时进行成本核算。在此前提下，对产品的形制、内涵从精神、物质方面进行构思，即通过功能和审美两个渠道确定产品的主题，其内容包括产品的外延、内涵、指示符号、图像符号和象征符号等。设计构思创意是设计师创造能力充分展现的阶段。在构思创意中，创造性思维和技法的灵活运用或交叉使用非常关键，如"智力激励法""属性列举法""计算机辅助设计方法"等，能使构思得以完美体现。构思阶段的创造性技法运用使设计主题通过草图、草模等形式初步展现。草图是捕捉灵感的手段，也是传达设计师思想的工具。草图的绘制要求是能够较为准确清晰地表达概念和重要部分，不追求细节的完善和完整，其形式可分为理性草图、样式草图等。草模也称"粗模"，即设计展开前的初创模型。草图为平面形式，草模为立体效果，它们均能帮助设计师进行合理性的论证。就文化创意产品设计而言，构思需要分为三个层次，即创意概念构思、象征符号构思和感性审美构思。

（一）创意概念构思

从整体的角度检视轮廓、造型及被强调的部分，主要是通过对于所理解的文化是否通过色彩、形体、线条等得以表现；通过运用创意方法，文化与当下生活方式是否得到了很好结合；在设计研究阶段所遇到的设计问题是不是得到了很好解决。如果对以上问题的回答都是肯定的，那么该设计方案就对设计概念进行了很好的诠释。

（二）象征符号构思

在创意概念的基础上，对设计所采用的具体设计元素进行符号化的加工，站在消费者对符号的解读角度进行符号设计的创造并融于创意概念之中。具体而言，就是审视立体的部分与面的构造来决定物体的特征及图样，表现出体量感，以便进行细致的构思、推敲。

（三）感性审美构思

对文化产品的视觉方面进行处理，应用形式美的法则对表面的精致线条、配色、质感等进行处理，精心处理产品的细部，展现设计创意的魅力，使整体达到最佳的效果。

四、设计展开

设计展开即新设计的正式展开阶段，包括对设计品的性能和标准的补充，各环节设计的展开，预备阶段目标设计的实施，构思创意的完善和具体表达，技术性能和生产成本的预测，对设计品的性能进行论证等。设计展开阶段大体分为两个方面。

（一）方案设计展开

方案设计的主要任务是正确地进行造型，确定新产品结构和基本参数，这是设计的基础。之后是设计的定案，包含两项内容：一是对构思阶段的多项设计方案进行优化选择，经过评估确定一个最佳方案；二是针对该方案运用正确、合理的表现手法使之形象化展现，为生产制作做好充分准备。

（二）设计工作展开

技术设计阶段主要是将最佳设计方案的初稿进行具体化，进一步确定产品的各项指标。它作为产品的定型阶段，是整个产品设计程序中的重点阶段，主要包括制作设计效果表现图和设计模型。

设计效果表现图包括设计预想图（效果图）和设计图（施工图）两类，是表达设计方案意图的主要手段。

设计模型即按照设计品预想的成品形式及结构比例制作设计样品，是对成品的造型、内部构造、功能、使用方式等方面的实态展示。

设计定案后，按照预定规格撰写包括上述各项设计内容的全部说明性报告文书，以表现图、模型照片和文字的综合形式提出各个环节项目的理论依据，并提供主要参考资料。至此，设计展开阶段的工作就基本完成了。

五、设计评价

设计评价是指在设计过程中，对解决设计问题的方案进行比较、评定，由此确定各方案的价值，判断其优劣，筛选出最佳设计方案。设计评价的意义在于：首先，开展设计评价能有效地保证设计的质量，充分、科学的设计评价使我们能在众多的设计方案中筛选出满足目标要求的最佳方案；其次，适当的设计评价能减少设计中的盲目性，提高设计的效率。

文化创意产品设计中的设计评价有三个特点。

一是评价项目的多样性。文化创意产品设计涉及的领域极广，考虑的因素非常多，较之一般产品设计更为复杂。因此，在设计评价的项目中，创意性、体验性、符号性、审美性等指标要重点考虑。

二是评价判断的直觉性。由于文化创意产品设计评价项目中包含许多审美性精神或感性内容，在评价中将在较大程度上依靠直觉判断，即评价的直觉性特点较为突出。

三是评价结果的相对性。由于评价中的直觉判断较多，感性和个人经验的成分较大，文化创意产品设计的评价结果较多地受个人主观因素的影响，特别是评价者自身文化背景和价值取向，很容易影响到评价的结果，更具相对性。

六、设计生产

模型的制作在形态上要求具有真实产品的效果，因此产品各部分的细节都要表现得非常充分。这样也便于设计师能更有效地在产品细部方面做进一步推敲与修改，有利于设计概念的进一步完善，同时为后续数字模型的生成提供参考，以便最终投入实际的生产。当然，有些纯手工制作的文化创意产品是不需要这一步的，而是在创意定稿以后直接进行生产。

（一）辅助生产和销售

设计展开工作完成后，设计人员还应该在辅助生产过程中参与技术调整和生产质量检查的环节。产品的市场流通也需要设计师对包装、运输工作做指导性和辅助性的设计、规划。

（二）试产和批量投产

设计师的方案移交生产部门进行生产并不意味着设计的结束。虽然在方案设计阶段已充分考虑到生产环节可能出现的各种问题，但是，在具体实施中还会出现许多意想不到的状况，这要求设计师及时调整设计方案，与生产部门沟通共同完成设计的成品化过程。这个过程要经过试产和批量投产两个阶段。

1. 试产

试产时间、数量、方法等问题通常由生产部门决定并组织实施，设计师的任务是对试制的产品原型给予相应审核、评价和修正，使其更符合并达到方案的原创效果。以产品包装设计为例，当设计师将包装设计方案交予印刷厂后，作为生产部门的厂方将组织人力进行样品的试制生产。由于生产人员的素质、理解力和经验、习惯不同，试制的样品与设计方案常常有较大的出入，同时设备、技术条件也成为实现原创方案的影响因素。为此，设计师必须对样品进行合理审核，找出问题，使成品趋于完善。

2. 批量投产

批量投产指的是试产之后的正式生产，是把修正后的设计样品投入重复生产的过程。批量投产与个别样品试产的差别体现在制作方法以及人力、设备、技术、能源等方面的合理搭配上。设计师作为协调各因素的积极参与者，应当配合生产部门提出相应建议和意见，力求达到质量标准。

(三)试销和销售调查

通过上述过程可以看出,自信息准备到设计方案的确定,反复是不可避免的,甚至是必要的。这是设计程序的一大特点。试销和销售调查是在生产展开的基础上借助市场实现的。为保证开发与市场发展方向一致,销售与试销应该同步进行。一般归纳为以下几个方面:根据试销的市场发展趋向进行设计产品的再审查;从销售渠道中获得可靠的试销信息,对产品成本进行核算,以便扩大市场效应;通过试销和抽样调查,找出市场、生产、设计样式等方面存在的问题,以便在正式投产前解决;根据试销和市场调查,对产品的性能、标准、操作方法进行修正。

(四)生产和销售

在销售过程中,促销活动是设计管理的重要任务之一。促销的目的是开拓流通渠道和销售市场,它是通过向消费者正确传达产品的设计概念,使其对产品形成良好的印象而实现的。

第二节 文化创意产品设计的技巧与创新

一、文化创意产品设计的技巧

(一)头脑风暴技巧

美国创造学家奥斯本于1901年提出该创造技法,此方法又称"脑轰法""智力激励法""激智法""奥斯本智暴法",是一种发挥群体智慧的方法。"头脑风暴法"必须明确而具体地列出思考的课题,同时在主持人的召集下,由数人至数十人构成一个集体,这些成员由专业范围较广泛的互补型人才组成。

头脑风暴法一般分三个步骤进行。首先,确定议题。会议前两天将明确的议题告知与会者,议题内容简单具体,易于产生创意,以便他们提前有所思考。与会者以10—12人为宜,会议主持者要营造幽默风趣、轻松又充满争辩的气氛,引导大家思索。其次,脑力激荡。这是产生创造性设想的阶段,时间一般控制在半小时至1小时之间。活动时必须让与会者敞开思维,不受任何约束,允许异想天开，胡思乱想，想法越新奇独特越好。与会者在这个阶段不允许发表任何批评或怀疑的看法，无论是心理还是语言上都不能批判和否定自己或别人，以确保自由畅想空间的扩展。鼓励在别人的想法上延伸发展出新的想法，以推进群体思维的链式反应。以量求质，构想越多，获得的好创意点子的可能性就越多。再次，评估筛选。对会议中提出的种种创意构想进行评估筛选，按照实施的可行性进行分类，去芜存菁，最后从中选择一两个最佳创意构想方案。

（二）联想技巧

联想法是一种依据相似、接近、对比等联想思维来进行创造的方法。任何两个概念（词语）都可以借助想象建立关联性，并使这种关联性产生新的创意构想。例如，可以把可口可乐和足球联系起来，正可谓"思想有多远，你就能走多远"。联想创意法具体分为接近联想、类似联想、对比联想、因果联想四种方式。

这种方法很多时候需要依靠设计师的经验和直觉，但在文化创意产品的具体创作中更为直接的方法是兼具类似、接近、对比联想的直角坐标组合联想法，这种方法是将两种不同的事物分别写在一个直角坐标的 X 轴和 Y 轴上，然后通过联想将其组合在一起，如果它是有意义并为人们所接受的，那么它便会成为一件新产品。

（三）简化技巧

简化法应用在文化创意产品设计中，通常以所需文化元素为源泉，对其造型与视觉纹样元素进行分解与简化，使文化创意产品在保留相应造型或产品形式的基础上，体现现代简约特征，并选择相应数量的纹饰运用到产品上，将其转化为创意产品装饰图案，赋予文化创意产品新的功能和内涵。对产品形式的简化，一方面，舒缓了消费者的视觉压力与文化认知压力，另一方面有助于对文化创意产品进行大批量生产。

（四）变形技巧

变形法是在艺术设计中常用的一种设计手法。它主要是通过对能够反映特定文化的物品造型、纹饰等进行拉长、缩小、分裂、聚合等夸张变形，以创造出新的、具有创意的设计。这种手法不仅可以增强设计的视觉冲击力，还可以深化设计的文化内涵，使设计作品更具艺术性和创新性。因此，变形法在现当代艺术设计中得到了广泛的应用。

（五）移植技巧

移植法源于工程技术领域，是指将某一领域里的科技原理、方法、发明成果等，应用到另一领域中的创新技巧。例如，鲁班因看到带齿的茅草割破了皮肤而发明了锯子；美国发明家贾德森发明的本应用于衣、裤、鞋、帽、裙、睡袋、文件包、文具盒、钱包、沙发垫等物品上的拉链，目前应用于病人伤口的缝合，为需要二次手术的病人减少了痛苦。

文化创意产品创意中的移植并不是对一个科技原理的移植，而是对一种情趣、意象、情感等感性成分的移植。比如，设计师都对可爱文化有所理解，然后利用色彩、造型以及材质将这种情感或意象转移到具体的产品上，让使用产品的消费者同样也产生这样的感觉。

（六）影像创意技巧

这是目前大部分设计师惯常使用的创意方法，即在创意构想时，在脑海中进行形象的勾画。运用创造性思维去萌发的创意形象进行反复打造修改，力求孕育的创意形象逐渐清晰具体化。

在构想过程中设计师往往处于一种冥思苦想的状态，当脑海中的创意形象轮廓清晰时，即用笔在纸上勾画出来。这时一般会有两种可能：一是在纸面上勾画出来的创意构想形象与脑海中勾画的形象有较大的出入，从而否决了此创意构想的可行性，于是另起炉灶；二是在纸上勾画出来后，雏形尚可，但还不尽完美，在纸上反复勾画后使创意构想进一步完善，最终使创意构想得以成立。

还有一种情况就是创意构想一下难以深化，在纸面上处于停滞的状况，此时设计者只有暂时将其搁置，回到脑海中去继续思考与勾画，直至灵感闪现，待找到设计"感觉"之后再回到纸面上进行验证，经过多次反复，最终才能产生一个新颖独特的创意构想。

（七）设问技巧

设问法，即主要针对已存在的文化创意产品提出各种问题，通过提问发现原产品创意以及设计方面的不足之处，找出需要和应该改进的地方，从而开发出新的文化创意产品。设问法主要有"5W2H 法""奥斯本设问法""阿诺尔特提问法"等。

在文化创意产品设计当中比较常用的是"5W2H 法"。"5W2H 法"是从七个方面进行设问的。详情如下：

Why——为什么要革新？

What——革新的具体对象是什么？

Which——从哪些方面着手改进？

Who——组织什么人来承担？

When——什么时候进行？

How——怎样实施？

How much——达到什么程度？

在文化创意产品设计中其含义就具体化为如下问题：

Why——为什么要进行这个文化创意产品的设计？

Who——什么人使用这个产品？

When——什么时候使用？

Where——在什么地方使用？

What——什么产品或者服务？

How——如何使用这个文化创意产品？

How much——产品或者服务的价格。

对文化创意产品设计中的这七个问题进行不断思索和回答的过程，就是不断形成新产品概念的过程。

二、文化创意产品设计的创新

（一）文化创意产品设计理念的创新

1. 坚持以人为本的核心理念

在人们生产生活的各个领域都贯穿着以人为本的理念，以人为本理念同样是现代设计的核心。产品设计要始终以消费者的需求为立足点，不管是产品的材料、外观造型还是功能、工艺技术等，都要将消费者的需求摆在首位。"以人为本"

要以"人"为中心，但随着内涵的不断丰富，除了要考虑人，还要考虑人与产品、人与自然、人与社会以及人与人之间的关系。

"以人为本"设计理念的另一个表现层面是个性化。每件手工艺品都是借助不同的材料、工具，通过不同的工匠之手制作而成的，都是独具匠心、风格迥异的，这体现出了工艺品的个性化。个性化是个人喜好特征的一种表达方式，并通过产品色彩、产品造型、科技、功能、情感等方面来表达。个性化是个人文化思想、兴趣爱好、观念的表现方式，有独特性。产品设计师要充分利用传统工艺类文化创意产品个性化这一特点，从传统工艺中找到具有独特性的元素，并将其赋予文化创意产品中，彰显文化创意产品的独特性。

2. 追求绿色设计、可持续化设计

"物尽其用""天人合一"等哲学观念成为传统工艺内在的指导思想，尊重自然，维持人与自然之间的和谐也是传统工艺推崇的设计理念。工匠们用于制造手工艺品的原材料来自大自然，因此对自然的尊敬程度是现代人所不能达到的。随着工业化社会的发展，环境问题日益突出，文化创意产品如何能实现绿色化、可持续化的发展是当前人们迫切需要解决的问题，这也是难度较大的问题。

绿色设计的核心是保护环境和资源。绿色设计要遵循"3R"原则，即减少（Reuse）能源的消耗、减少（Reduce）环境污染以及重新利用（Recycle）产品和零部件。随着时代的发展，绿色设计理念慢慢从关注产品，不断扩大到将产品的运输、外包装以及营销模式等各种因素考虑在内。设计师在进行传统工艺类文化创意产品的设计开发时，要对绿色设计理念和可持续发展的理念进行深入分析和理解，全面地、系统地进行创意设计，引导消费者形成绿色的消费观念。设计师在进行文化创意产品的设计时，需要重视以下几方面的问题。

首先，秉承减少环境污染的原则，合理选取环保的绿色原材料和可以降解的原材料，对传统工艺在使用原料中存在的不足之处进行摒弃，采用新材料进行加工制作。

其次，为方便运输拆卸，减少产品身上无用的装饰，追求产品的简洁包装。

最后，追求一物多用，增强产品的功能性。

（二）文化创意产品设计元素的创新

对设计元素的提炼是设计师首先需要思考的，它并不是对设计元素的照搬利用。在现代设计中,设计元素需要被提取、转化、抽象和重构。这要求设计师从丰富的文化传统中去捕捉和发现美的元素,使其成为自己创作的素材。同时,对这些提取的元素进行转化和抽象,根据格式塔原理和形式美进行再创造。用现代的审美观念去重新理解和挖掘传统文化的精髓,还需要具备全球化的视野,使设计元素与设计作品完美结合。只有这样,才能使地域文化和本土文化得到更广泛的传播。

在丰富多彩的文化中,要优先选择兼具艺术性和地域性的元素进行创作,在保持文化基因的基础上进行创新,使消费者能快速建立文化创意产品与文化的联系。

形式美法则是艺术形式的一般法则,它是形式构成的规律。因此,可以根据形式美法则对设计元素进行创新。

一是变化与统一。变化体现了事物的个性与差别,统一体现了事物的共性和联系。因此,在对设计元素进行创新时需要在原有的基础上产生一定变化,但也不能将基本元素变得面目全非,而需要保留其基本特征和识别性。

二是对比与调和。同一因素差异程度比较大的条件下会产生对比,差异程度小则表现为协调。

三是比例与尺度。适度的尺寸变化可以产生美感,如"黄金比例",它的比值为0.618。因此,在对元素进行创新时可以考虑将元素的比例与尺度进行优化,没有必要完全忠实于原本的尺寸,可以重新协调元素的部分与部分之间、部分与整体之间的比例关系。

四是对称与均衡。对称是指一个轴线两侧的图形能完全重合,均衡则是视觉和心理上的平衡。因此,在对设计元素进行创新时可以将非对称的设计元素做对称化处理,使本身对称的设计元素找到新的对称轴而完成新的对称。

五是节奏与韵律。这是指借用音乐的概念对视觉流程的动态过程进行描述。因此,在对设计元素进行创新时可以处理设计元素的疏密、大小、虚实、渐变,创造一种流动的视觉效果。

(三)文化创意产品功能结构的创新

针对文化创意产品设计的功能结构创新,下文以我国传统文化中极具代表性的文房四宝类书画用具为例来进行分析与论述。在当前的书画用具产品中,对其进行功能结构创新的设计较少，虽然在形制和装饰元素上对传统的文房四宝进行了有效传承，实现了文化印记的保留，但如此一来就需要现代人去适应古代人的生活方式。在古代，文房四宝多放置于较为宽大的桌案之上，古人的桌面主要用于摆放各种文房用具。但如今，人们的生活方式已经发生了翻天覆地的变化，现代人的桌面用途与古人的桌面用途存在着较大的差异。特别是对于居住空间较为有限的普通人而言，其家居空间大多追求简约以及功能性，书桌多为定制的，以此节省家居的空间。现代人的桌面不仅需要放置文房四宝等书画用具，同时还会根据工作需要摆放诸多办公产品，如电脑、现代办公文具、台灯以及各类文件书籍等。如此一来，桌面环境较为局促，这就需要设计师对古代文房四宝类书画用具进行形制上以及结构上的创新设计。此类文化创意产品既需要保留传统的功能与结构，同时又要实现产品设计的集约化与便利化；既要满足人们对书画用具的功能性需求，又要使其可以更好地满足现代人的使用需要。

（四）文化创意产品设计的地域化创新

每类地域文化都有其独特的历史背景和历史价值，每个区域的典型建筑、植物、动物、饮食、特产、文化都可以成为文化创意产品的设计元素。地域文化是创造独特文化创意产品的基础。设计师要能够从中抽取代表性元素，准确、完整地表达地域的特点和文化内涵，设计独特的高品位文化创意产品。

第一，突出地域文化特色。进行区域性文化创意产品设计开发的第一原则就是突出地域文化特色，由于我国临近区域的文化具有趋同性，因此设计人员在考虑文化元素设计时，应该对当地的特色文化进行深入挖掘，在产品设计中体现出地域文化的独特性。而对于相似的地域文化，设计人员一定要加深对当地文化的理解，找到体现文化独特性的设计点，避免出现同质化与符号化的现象。

第二，实现地域文化现代化 鉴于很多地域文化及民俗元素都年代久远，虽流传至今，但一般人对其较为陌生。鉴于此，设计师可以深入分析其内部的精华之处，对其形象和寓意进行现代化的设计尝试，让地域文化元素能够在当前的文化创意产品设计中，发挥自身最大的潜力和价值，促进文化创意产品特色与内涵的建立与丰富。

第三，实现审美追求的多样化。社会的发展促使人们的审美观念得到极速的发展，那些同质化现象严重的文化创意产品已难以吸引消费者的眼球。因此，设计师要以发展的眼光看待地域文化元素，开发出符合现代人审美需求的多元化文化创意产品。

第四，满足更加合理的功能需求。功能较为单一的文化创意产品难以在当前的文化市场中站稳脚跟。设计师必须开阔视野，以发展的眼光审视设计过程，并大胆将产品设计成不同的模块，融入系列化的特点，以地域文化为突破口，实现形式与功能的统一，让更多的人对文化创意产品产生兴趣。

第四章　各类文化创意产品设计

本章是各类文化创意产品设计，包括校园文化创意产品设计、动漫文化创意产品设计以及旅游文化创意产品设计三个部分的内容，了解各类文化创意产品的设计特点，可以更好地进行专业领域的创意产品设计。

第一节　校园文化创意产品设计

一、校园文化创意产品的类型

学校作为知识传承、文化传播的载体，基于历史的长久发展与学术成果的积累和沉淀，让各个学校形成了各自的学科优势和校园文化。而校园文化创意产品则是发展与发扬校园文化的具体途径之一。所谓校园文化创意产品，顾名思义就是以某个学校的元素进行创意设计开发的产品。它反映学校文化内涵，体现学校的办学理念和精神风貌，传承学校的历史文化和精神，也代表着当今新兴校园文化创意产业的发展和更新，体现学校悠久历史文化的传承和积淀。对一所学校来说，这所学校本身具有的历史积淀、文化底蕴和办学传统，是这个学校精神层面的宝贵财富。通过学校的特定文化元素来展现学校形象的校园文化创意产品，如学校的校名、校徽、校训以及校园代表性建筑和景观形象，它代表着学校的形象，蕴藏着丰富的人文历史内涵，也是校园文化创意产品的设计精髓。校园文化创意产品通常以学校主要标识和代表性景观为主体构成。这些标志性特征会随着学校的影响力增强而不断深入人心，成为学子们的内在精神力量和认同感的源泉，对加强校友之间、师生之间、学校和外界人士之间的交流和沟通有着积极的推动作用。

（一）以校名、校徽、校训为主题形象

每个学校都有不同的校名、校徽、校训，它们都体现着每个学校蕴含的内涵，以此开发的作品能有效体现学校的精神风貌。清华大学的校园纪念品是以清华大学校训"厚德载物，自强不息"为主题形象设计的文化创意产品（图4-1-1），将清华大学的校徽和校训融入文化创意产品的设计中，打造出清华大学独有的文化创意产品，而且突出了清华大学的核心特征。将校训经过系统性设计开发，在分析整合后产生新的功能，文化创意产品被赋予更丰富的意义，是典型的校训在文化创意产品上的体现。

图4-1-1 清华大学创意书签

（二）以校园代表性建筑物为主题形象

鲁道夫楼（图4-1-2）是耶鲁大学建筑学院所在地，因此也被称为艺术建筑大楼，它由建筑学院的前主席保罗·鲁道夫在1963年设计。辛辛那提大学的"解构主义"风格建筑——设计与艺术中心（图4-1-3），其设计者——美国建筑师彼得·艾森曼（Peter Eisenman），因其碎片式建筑语汇而同各式其他建筑师一起被打上了解构主义的标签。彼得·艾森曼解释道：这是来自基地的地形曲线与原有建筑折线造型的动态结合。西南民族大学的邮票设计（图4-1-4）也选择了学校的特色地标建筑，与传统版画艺术形式相结合，通过点、线、面的有效设计，整合学校文化素材，凝练出一组能够囊括校园特色的图案，使得纪念印章的图案积淀了丰富的校园文化。

图 4-1-2 耶鲁大学鲁道夫楼

图 4-1-3 辛那提大学的设计与艺术中心

图 4-1-4 西南民族大学邮票设计

二、校园文化创意产品的特征

（一）纪念性

校园文化创意产品蕴含着学校的历史，被赋予了学校的内涵，具有一般的产品所不具备的宣传性和纪念性。校园文化创意产品不仅代表着学校的历史底蕴和特色，还蕴涵着该校学子对学校的认同感与美好祝愿，因此具有特殊且深刻的纪念意义。而对于学校毕业生而言，校园文化创意产品寄托着他们对母校的热爱和怀念的强烈情感。此外，在兄弟院校的校际互访中，校园文化创意产品也可作为具有纪念意义的伴手礼赠予对方。如同济大学的门牌号钥匙链，与常见的纪念品不同的是，它以学校地址——上海市四平路1239号作为情怀切入点。就像离家在外的游子始终会记得家里的门牌号，毕业的校友们只要看到熟悉的门牌号就能想起曾经校园的样子。

（二）独特性

校园文化创意产品最根本的特征表现在其产品的文化价值和审美价值上，其最突出的产品属性不是产品的功能属性，而是校园符号化特有的文化元素及其象征意义，独具校园特色。如云南大学的校园文创抱枕，创作团队把设计的焦点集中在学生的日常生活需要和云南独特的本土文化之上，大胆地使用了极具地域特色的纺织纹样，将文化特性转换为特色产品，提炼出具有代表性的文化符号，同时融入了新颖的审美取向，使其与云南大学积极多元的校园文化相契合。

（三）收藏性

文化创意产品不仅具备实用性和艺术性，还具有一定的收藏价值。这类产品一般被用于收藏或兄弟院校互访时赠送使用，具备一定的收藏价值，相对于实用性，校园文化创意产品应更侧重于对"精神意境"的塑造，凝聚学校丰厚的文化底蕴和人文精神，充分体现学校的艺术品位和精神追求，使其不仅具有实用功能，更具有收藏价值。如上海海事大学的茶具套装，既能实现其实用价值，又能兼具收藏价值。

(四)实用性

文化创意产品的实用性在消费者的消费心理上占有重要的地位,因此,校园文化创意产品在追求收藏价值的同时应兼顾产品的实用性,以消费者的需求为导向。既要抓住学校的特色,进行巧妙设计,也要注意大众化需要,注重产品的普适性,虽然使用价值并非顾客购买文化产品所考虑的首要因素,但实用性与纪念性、收藏性兼备的产品更容易得到青睐。如复旦大学的纪念衫(图4-1-5),其融入学校的文化符号与实用性进行结合,最终成为文化创意产品。因复旦大学这个名字已经是一种能代表学校的文化符号的存在,再与其他具有纪念情怀的符号,譬如学校门牌号结合起来进行排版设计,就是一个单独存在的校园文化创意产品。

图 4-1-5 复旦大学纪念衫

文化创意产品构成要素离不开文化、创意、体验、符号、审美这些元素。根据不同的需求,将文字、色彩、图形等直接信息与多因素结合,有意识地进行提炼和整理,进而对间接信息进行整体的把控,再增加设计服务功能,同时又增强作品的文化内涵,融入更多的人文性与地域性,促进个性化视觉系统构建的亮点。

三、校园文化创意产品的分类

校园文化创意产品可以根据不同的使用场景进行分类。这些产品通常以满足校园生活的需求为设计的出发点,其设计品类的选择主要包括生活用品、办公用具和服装等，这些都是校园生活中普遍需要的物品。我们可以将校园文化创意产品具体分为以下类别：

（一）内容类纪念品

这类产品以文化礼品、办公产品、家居饰品为主，并不仅仅局限于校友的纪念品，还可在学校进行交流学习、活动中心开展相关活动、学校宣传时向来访者进行礼品馈赠。除此之外，这类产品在满足学校办公需求的同时，还能对参观学校的学生家长进行馈赠，满足家长对纪念品选购的需求。例如，上海海事大学的纪念摆件将学校的典型建筑雕刻在摆件表面，体现上海海事大学的主要景观。

（二）创意类工艺美术品

这类产品主要以工艺品、首饰、刺绣、陶瓷、木雕、砖雕、文房四宝、摆件等为主，多以学校校徽图案、校园风光、吉祥物为元素进行设计。例如，北京大学纪念手绳将文化创意的理念最大化地应用，使消费者获得独特的体验，使校园文化创意产品成为一个不仅只是摆在桌面欣赏的物品，还是能够玩的玩具。

（三）延伸类创意产品

这类产品包括便笺本、笔记本、书签、徽章、冰箱贴、随行杯、化妆镜、幻彩包、钥匙扣、餐垫、手机饰品、杯垫等，大多都是小而实用的校园文化创意产品。例如，复旦大学五大书院的产品体现了各书院的特色和文化，中国农业大学的明信片则将校园的风景和老建筑印在上面。

四、校园文化创意产品设计的原则

对于校园文化创意产品而言，其设计的最终目标是通过设计获得永恒的、经典的，甚至代代相传的承载校园精神的文化创意产品，因此，校园文化创意产品的设计应注重产品的纪念性和实用性，做到创意性与市场需求相结合，以及文化性与品牌认同的相互统一。

（一）纪念性与实用性相结合原则

校园文化创意产品不应只作为一种简单的装饰物，更应该是生活中常常能见到、用到的物品。不同受众在购买校园文化创意产品时有着不同的动机，但是购买者大部分希望购买到兼具纪念和实用功能的文化创意产品。纪念性的文化创意产品能引起人们的情感共鸣与文化认同，当消费者与产品产生共鸣，认同产品传达出的文化内涵时，产品的纪念性才能实现。收藏是消费者购买校园文化创意产品的一个比较重要的动机，但是实用性也不能被忽略。一个商品如果没有使用价值，就不能被称为"商品"。譬如各处古迹的书法真迹和碑文，如果将其编印成册放到市面上售卖，可想而知并不会有很多消费者买单。但是如果换一种形式，不是将这些书法真迹和碑文作为主要的内容，而是作为某些文化创意用品文化内涵的载体，那么它的购买群体将会扩大。因此，只有使用功能而不具有纪念性的产品也不能被称为"具有价值的文化创意产品"。

人们日益提高的物质与精神需求已经不是单纯纪念性或只具有使用功能的产品所能满足的。因此，在设计的过程中需考虑将纪念性和实用性相结合，在使用传统手工艺的基础上再加入实用元素，增加实用价值，才能更加吸引人购买。如复旦大学"真理的味道"纪念水杯，水杯这个载体和复旦大学的文化内涵整合起来，就成为复旦大学的校园文化创意产品。

（二）创新性与市场需求相结合原则

校园文化创意产品本身具备的经济属性和文化属性决定了创新的必要性，消费者除了求实、求廉、求美心理外，还有求新心理。对消费者来说，校园文化创意产品的样式、质量、情怀卖点都应具有新颖性，同时，在实施创新设计时也要注重市场的导向，明确市场所缺乏的，根据学生真正需要的产品样式来开发设计符合受众需求的校园文化创意产品。要满足购买者的购物需求，就要加强对市场的调研和对购买者心理的研究。

根据市场需求来指导文化创意产品的开发设计，要做到经过市场调查、分析、研究国内外校园文化创意产品的需求情况，及时调整产品结构，抑或对原有商品进行改良、完善和提高，以适应目标受众真正的需求。校园文化创意产品的卖点是文化和创意，如今市场上千篇一律的文化创意产品已经使大众失去兴趣，很难再引发大众的兴趣与购买欲望，而校园文化创意产品的设计不是简单地将现实中的"视觉元素"进行拼接。因此，在满足市场需求的前提下，应注重校园文化创意产品的创新性，从深入挖掘文化底蕴、了解把握文化特色入手，进行创新，解决校园文化特色元素与单一设计的问题，突出趣味性。校园文化创意产品要赢得消费者的喜爱，首先应根据消费者的兴趣进行产品设计，引领大众的趣味。消费者在购买商品时，往往会对充满新鲜感的物品产生兴趣，设计校园文化创意产品时应该抓住消费者的这种心理，有意识地进行创新性设计。

一般来说，主题、材料、功能、实现形式和工艺是校园文化创意产品的重要元素，校园文化创意产品的创新也是从这几个方面着手的。譬如主题元素创新是对提取的校园元素进行创新，不能只简单利用校徽校训，还要对学校的历史文化进行挖掘，创造出反映学校独有的文化内涵元素，在外观上结合当代审美，同样制作工艺也能在某种程度上折射出校园文化创意产品的文化。例如，嘉应学院贺暨南大学百年校庆的摆件，撇去常见的木质或者玻璃制品，选择陶艺作为其艺术表现形式，以"书"作为摆件的整体造型。书有十股，每股十页，共一百页，代表一百年，呼应暨南大学的百年校庆。古老而斑驳的篆书字"暨大百年校庆"突出了主题，意蕴着暨大一百年沧桑砥砺。在色彩上，古铜色的自然肌理效果与蓝白色的海浪形成冷暖对比。书置于海浪之上，既与暨南大学"面向海外，面向港澳台"的办学方针相符，还意蕴着暨大的未来在永不枯竭的海洋上乘风破浪，勇往直前。作品寓意深刻，体现校园文化精神，意义深刻。

（三）文化性与品牌认同相结合原则

校园文化创意产品是根植于校园独特的文化资源土壤、带有高识别性的反映校园精神文化的创新文化产品。它与其他的文化创意产品不同，因为它承载着一所学校独特的物质和精神文化。因此，校园文化创意产品更具独特的文化性，拥有校园的特征属性，在开发设计时要注重品牌的认同原则，保留高识别性的校园特征，通过高识别的校园特征使受众产生心理认同与归属感，让师生群体产生家族认同，同时对于社会群体则能够以其独特鲜明的特色与文化建立起品牌形象，进而获得品牌认同。在元素的提取上，需要找出最具当地特色的人文、物产、自然、政治等特征内容，将元素提取后，通过艺术加工，使之成为具备当地独特文化的代表。因此，文化性与品牌认同是在校园文化创意产品开发设计中要遵循的重要设计原则。如复旦大学的笔记本（图 4-1-6），仅仅是简单的"复旦大学"四个字，就反映出复旦大学的校园精神文化。

图 4-1-6 复旦大学笔记本

五、校园文化创意产品的设计表达

(一)校园文化创意产品形态的塑造

产品形态是指通过设计、制造来满足顾客需求,最终呈现在顾客面前的产品状况,它包括产品传达的意识形态、视觉形态和应用形态。校园文化创意产品的设计首先应考虑它的物理机能,也就是应有针对性地考虑产品所使用的场地及其经济性,还应从其形态和审美角度出发达到实用与审美为一体的统一。设计师的设计思路最终将以实体形式呈现,即通过创意视觉化,用草图、示意图、结构模型及产品实物形式表现,达到再设计的目的。

与欧美学校的校园文化产品相比,如牛津大学的纪念品(图 4-1-7),我国的校园文化创意产品开发还处于初步发展阶段,产品雷同化严重,缺乏创新,没能很好地做到将校园文化与产品结合起来,甚至出现严重的抄袭现象。当好的创意出现时,剽窃者立刻就能复制出一套几乎一模一样的产品,使设计师的权益得不到保证。再有就是产品过于文艺化,仅有文艺而不实用,造成资源的严重浪费。产品与产品之间缺少联系,无法形成一个系列。

欧美各大名校皆非常重视校园文化创意产品,他们会积极地利用校园文化,把自己独具特色的校园精神和创意文化"物化"。如哈佛大学利用自身的品牌优势,将校园文化创意产品的开发衍生到生活的方方面面,如日常生活用品、服装

第四章　各类文化创意产品设计

等，通过一套完整的商业运营模式，将他们的大学文化传播到世界各地。

打造特色纪念品，可以从纪念品的材质、形态上有所改变，如从产品的使用方式、独特的外形、色彩、功能性出发，开拓趣味的深度和广度。在设计校园文化创意产品时，可以选用陶瓷、金属、绢布、木材、纸张等材质；设计手法可以选用雕刻、绘画、书法、印染等；产品形态则可以是邮票、明信片、纪念册、手袋、文具、挂件等，图案设计可加入校园美景、典型建筑、校徽、符号等，增加产品内涵。

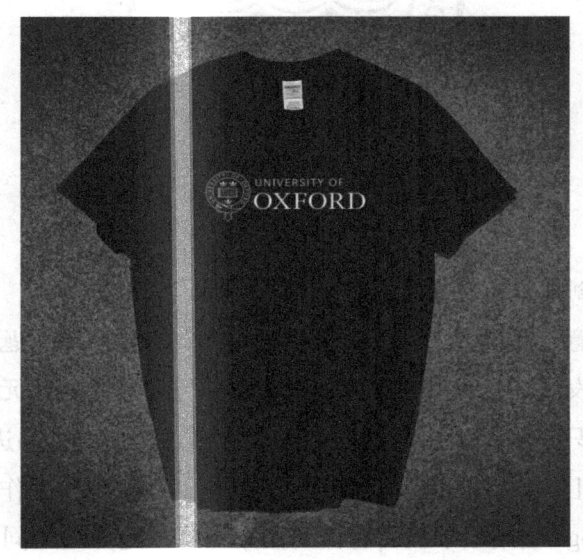

图 4-1-7　牛津大学纪念品

1. 建立校园基本视觉体系

创造和形成统一鲜明的校园形象，有助于校园文化自身可持续发展。对学生来说，校园文化的认同感并不是与生俱来的，而是要经过长久的学习生活慢慢形成的。学生只有根据自身的感受与学校的各种行为活动互相联系后，对校园的整体印象进行全面评价，才会从情感上对校园产生认同感。广东财经大学标识设计目的是提升年轻受众的接受度（图 4-1-8）。标志的延展辅助图形设计，标志以广东财经大学当前使用的标志为基础，再追求简洁、外观美丽，创新视觉标志，保留原标志的底蕴气息。帆布袋的设计提取了广东财经大学特有的文字，以最直接和简洁的形式来装饰整个布面，既时尚，又有趣。

79

图 4-1-8　广东财经大学标识

2. 校园文化创意产品与产品系列的关系

校园文化创意产品设计的一个重要特征是通过其中一个主题或灵感来源，将这些主题和灵感发展为一种产品系列。设计师在诠释校园文化元素时，应发挥自身创造力，而不只是简单地将其复制到产品中去，进而对产品进行衍生化设计。校徽印在手机壳上的设计就是以广东财经大学校徽的主体特征作为艺术设计的灵感来源，其将 Logo 应用于手机壳背面的图案设计，充分运用同一种形象或图案于不同使用功能的产品，开发出很多款不同产品。类似的如故宫的"千里江山"系列。

（二）校园文化创意产品的开发

校园文化创意产品的形态主要包含内容与硬件载体两大部分。文化创意的内容是文化创意产品的核心价值，也是有别于其他产品最显著的特征，但它一般难以独立存在，必须依靠具体的硬件载体存在。其实质是对文化资源的再开发、再利用、再创造，以满足精神消费需求或其他附加值生产需求。校园文化创意产品的开发要运用好的创意和表现，突出体现学校文化建设纪念品独一无二的创新特色。其开发大致可经过以下几个紧密环节：市场调研、提炼元素、理念细化、设计表达。

1. 市场调研，强调实用

市场调研阶段对一个文化创意的形成至关重要。在进行校园文化创意产品设计之前，首先要做好充分的市场调研，对不同学院的学生进行用户喜好归纳，根据校园文化，细分消费人群。对消费群体的取向、市场趋势有一定的了解后，结合调研得到的信息对校园文化创意产品的设计方向进行精准定位。做到从消费者的角度考虑，抓住文化特征，从文化元素出发，调研以学院师生为主的购买群体，在设计定位上重点考虑易于推广、需求量大、性价比高的文化产品，针对一些有需求的人群，满足校园文化的传播功能，进行注重实用性的市场需求调研。要抓住不同的文化元素，从产品本身出发。广东财经大学文化衫将学校典型建筑绘制成插画，具备纪念性的同时也做到了具有广泛实用性。

2. 提炼元素，挖掘内涵

提取校园特色元素是校园文化创意产品设计应考虑的首要因素，避免对学校的主题认识作出单一、片面的理解和判断。基于充分的市场调研，确定产品设计素材和媒介之后，建立在充分的市场调研和取材之上，在广泛搜集诉求的同时，进行素材的提炼，对学校的发展历史、办学特色和突出学科优势有充分的认识。其次，要利用系统的思维方式，重点把握学校特色元素的精髓而进行设计。在明确文化符号研究对象后，进行文化符号样本收集，从文化符号的内层文化属性、中间层使用功能属性和外层视觉属性入手，查阅资料，将收集的文化符号图片资料去除背景，提取文化符号的相关样本。同时，收集并感知词汇，这些词汇主要源于对文化符号类别特征的描述，对收集到的词进行分类，去除意义相近的词，并构建反义词组。最后，利用语义差异法进行量化分析，由受众对提取出的样本文化符号属性进行感知评价，从而，衡量文化符号属性感觉特性的相对位置。

在元素的提取上，需要找出最具当地特色的人文、物产、自然、政治等特征内容，通过艺术加工，使之成为具备独特文化的代表符号，反映学校独有的精神文化和物质文化，深挖内涵，借学校的人文景观、学校标志性建筑、学校标识、办学理念、学校地理位置等，开展对校园标志性元素符号的提炼，挖掘内涵，以应用于后期的设计中，提升文化性。校园文化创意产品的 Logo、学校卡通形象，抑或包含校园历史的文化元素，校园象征性的建筑、景观元素等，都可以作为创作的题材，使整个产品具有整体性和系列感，令产品形象更加丰满。还可通过将元素提炼后再设计视觉形象，以设计的元素符号作为搭建整个校园文化创意产品框架的素材，适当使用学校校徽、标准字体、校训、校园环境标志、校园地方特色特点（如民族特色差异、地域人文差异特征）等识别度和认同度明显、较高的元素来呈现。

3. 理念细化，形态统一

对校园文化创意产品的内部传播功能进行充分挖掘，渗透到学校的各个院系，建立各个院系、各个专业独立的视觉形象。在产品构思方面，打破传统文化创意产品形式的桎梏，延展新的空间，深入挖掘地域元素，将其与设计结合，有效避免文创设计同质化的现象。例如拍摄校园全景视频、制作 Q 版校园地图、制作虚拟校园 H5 页面，让更多对学校陌生的人能够在手机端直观地感受校园文化，使学校面向外界，面向校内师生进行表达。若校园文化创意产品的受众定位在学生、校友或者家长，他们购买校园文化创意产品时，产品的性价比是一个重要的考量因素。校园文化创意产品的定位较为特殊，产品的形态设计必须依附于某种意义或者能效的发挥，以符合人们实际操作等要求。如重要的纪念活动，或为兄弟院校间互访提供的纪念品。此层面的校园文化创意产品设计首先考虑借用约定俗成的具象形态作为校园文化的载体，抓住人们对图形反应最快的心理，借丰富多样的形状帮助人们正确地理解产品传达出的信息，通过视觉的形象来完成产品的主要表达方式。或借凸显校园形象的校徽、校训、中英文校名等元素，对其进行加工提炼，形成校园文化创意产品。

4. 设计表达，独特体现

校园文化创意产品的设计从将校园典型形象简单化、符号化、设计主题化、价值表达形象化等多方面来体现文化由内到外的层次关系，通过视觉特征、使用功能特征和精神内涵特征三个方面进行分析，用符号语言表现典型形象。其中视觉特征占特征分析的比重最大，通过视觉能第一时间捕捉到事物的外观特点，并通过比较不同对象视觉特征以区分不同物体，因此从视觉方面进行特征分析是获得其形态构成要素的关键。不同设计对特征分析的侧重点不同。功能特征分析和内涵特征分析基于视觉化特征分析的结果，根据文化符号的使用方式和内涵表达方式不同，通过分析样本特征的比例尺度将风格特征语汇进行量化分析。由于文化符号的使用功能特征和精神内涵特征比较难以量化，在实际案例的研究中主要以视觉特征分析为主。

广东财经大学的校园文化创意产品运用课程中的学生作品实例，解析校园文化创意产品的设计表达方式。

在进行广东财经大学的特征分析时，首先要挖掘、整理的是广东财经大学本部校区建筑的风格和文化内涵，通过放大建筑物本身的特点或者蕴含的文化内涵，将无形的校园文化元素有形化。广东财经大学特色建筑有实验楼、教学楼、综合楼、图书馆、水塔等，通过提取广财建筑元素及景观形象这些最独特、最为广泛认可的标志，将其典型形象进行抽象化、符号化，并用于布包、书签、明信片等产品设计中，展现品质丰富的色彩变化，这不仅符合大众的常规印象，还展示了刚柔并济的反差。比如广东财经大学的帆布袋和文化衫设计，就放大了学校内最典型的几栋建筑，将其图形化。将广东财经大学的图书馆作为元素而设计的书签，融入了学校自身的文化元素，挑选了广东财经大学图书馆的外部轮廓作为切入点，书签可用于不同大小的书籍，还可调整标记位置。

在图书馆里，语言静寂无声，水流凝滞止息，人类灵魂的不朽光芒，为文字黑黝黝的链条所捆缚，幽禁于书页的囚室……泰戈尔的散文诗里所写的图书馆是一个适合语言静静流淌的地方。以广东财经大学广州校区与三水校区图书馆为主题设计的明信片为例，其色彩交错间，好比伫立在千百条道路的交叉点上，指引着前方的道路。而校园的四季变化，校园内的花草树木等体现校园特征的植物元素可以进行图形的设计，通过截取、叠景、抽象等手段转换为视觉语言，呈现出与文化内容相关联的设计元素；用这一类方法提炼的设计元素，一般采用平面化的视觉效果，可以广泛应用到产品表面、局部等方面。比如将这些景观绘制成Q版图案，应用在魔方表面，极具广东财经大学的特色。

对于特别事件或需要特殊突出的设计部分，可采取校园产品的叙事性设计或价值表达形象化设计来呈现。

叙事性设计主要通过必要的主题设计，寻找情感切入点，发掘校园文化，并将其融入校园文化产品的设计中，让产品在使用过程中与使用者产生情感交流，让使用者在行为过程中感受本校的痕迹，体验学校特有的文化。如以独特字样"广东财经"为花纹的灯罩，灯的亮光透过"广东财经"字样，折射在地面，寓意了广东财经大学更名成功后的光明前景。灯具这一载体，像广东财经大学的形象一样，点燃自己，照亮学生的前途。价值表达形象化设计主要以不同的人生观、价值观等内容为主要载体，用形象化手法，借助某一具体事物的特征，将其外在特征形象化、具体化，并赋予其人性化的形式，使观赏者感知，并进一步表达丰富特殊的事理，根据不同的需求，将文字、色彩、图形、处理说明等直接信息与多因素结合，有意识地进行提炼和整理，进而对间接信息进行整体的把控。再增加设计服务功能，同时增强作品的文化内涵，融入更多的人文性与地域性，突出个性化视觉系统构建的亮点。如广东财经大学铜钱设计，依据广东财经大学是商科学校，将铜钱与广东财经大学的特色元素组合。作品《启航》，结合了广东财经大学位于广州市海珠区珠江旁的地理位置，联想到广东的海口经商文化，和广东财经大学商科院校这个概念结合起来，造型取用古代商船的样式，和岭南特有的房顶样式——防火墙造型与窗雕花纹，将广东财经大学的特色文化元素、广东的海口经商的地域文化和岭南特有建筑样式结合，系统性地进行提炼和整理设计，促进《启航》这个作品的视觉与内涵提升。

其次，以广东财经大学的校名、校徽、校训为主体形象，将校园文化符号与时代性、实用性、创新性进行整合，在兼顾校园文化特色与美观的同时，突出纪念性和实用性，通过批量生产以降低生产成本。广东财经大学创意折叠扇——"财"，在"广东财经大学"6个字的基础上进行设计，把每一个字进行装饰化的设计，并将有关岭南特色文化元素与广东财经大学自身元素结合。同时，这款扇子不仅方便携带，还能彰显出广东财经大学的特色，实现纪念性的同时也做到了实用性。

随着经济的发展，大众化的文化创意产品已经不能再满足消费者，所以，校园文化创意产品的设计应该追求个性化。广东财经大学的纪念水杯，运用了中国风传统元素，将校门主体建筑融入窗格中，让人很容易想到广东财经大学。纪念水杯灵感来自中国传统装饰纹样，将装饰纹样与校园融合在一起，体现广东财经大学之美。在使用水杯时将盖子打开，这个动作与开窗相似，寓意是打开广东财经大学这扇知识之窗，从而在里面获取更多的知识。

产品的使用功能特征可以在符合所要表现的文化资源主体特质的前提下进行多元化使用，将这些特征转换为形态设计元素，在设计的时候需要在文化资源基础上进行新的设计诠释。尝试将建筑和景观的立体表现形式创造为创意产品形态的设计元素，将建筑等比例缩小，保留其外形特征，运用为其他产品形态。譬如广东财经大学花盆的设计就是将校图书馆的外形等比例缩小，并将其与校训、校徽等结合。如以广东财经大学运动场为主、食堂食物为辅的帆布袋设计，运动场正在跑步的人、热腾腾的面条、跑道和天空颜色的处理，造型语言清晰，多种元素烘托鲜明，整体感更强，将消费者带入校园情境，也更显温馨。而广东财经大学手工包的设计，则通过色彩传递出相应的情感，在不抛弃造型的基础上同时兼具色彩的选择，采用暖色调，颜色鲜艳却不失稳重；笔筒以书卷为原型进行设计，俯视呈现书卷型，造型与羊角相似，更好地体现了广东财经大学的书香气息和独特的地理位置——羊城。

六、校园文化创意产品的经验启示

文化产业的发展，需要大量的创意人才把更多的创意灵感转化为社会财富。推动文化产业发展的核心动力是创新能力的培养。

植根于学校独有文化资源的校园文化创意产品，反映了学校代表性文化元素符号，代表着学院的整体形象与气质，传达着浓厚的校园文化内涵。它不仅具有强大的凝聚力和育人功能，还为学校的可持续发展提供内在动力。校园文化产品的开发，有助于推广和促进校园文化建设，能更好地宣传学校形象，增强其影响力，形成自身的品牌效应。现今的校园文化创意产品种类繁多，文化创意产品产业呈现良好的发展态势。对校园文化资源进行个性化设计，设计出形式丰富且具有一定主题的实用校园文化创意产品，不仅可以满足师生的需求，也可以彰显校园独特的视觉文化，在潜移默化中形成群体认同效应。作为世界知名大学，哈佛大学和麻省理工学院都有着自身独特的品牌价值，其社会影响力和潜在的商业价值不容小觑。美国的校园文化创意产品与中国大相径庭，在美国的商场里有本土各大学校的校园文化产品销售，打破了传统的只在校内、售卖受众面较窄的缺点，这也是欧美大学校园文化产品在销售模式上的独特之处。哈佛大学和麻省理工学院的 The coop 商店（最开始 The coop 名为 Harvard Cooperative Society），最初只是一个出售书籍、文具等的小店铺。随着规模扩大，现在经营哈佛大学和麻省理工学院这两所学校的校园文化产品，包括 T 恤、徽章、笔盒、冰箱贴等。

The coop 发展至今已经不仅是校园文化产品店，还是凝聚着哈佛大学和麻省理工学院校园文化的品牌商店。The coop 能满足不同学生的审美及精神需求，将校园文化渗透到学生日常生活中的每一处，使学生在潜移默化中受到来自校园的文化熏陶。The coop 将哈佛和麻省理工校园不同学院、学生组织、运动协会等标志图样渗透到文化创意产品的设计中。以哈佛大学校园文化产品为例，巧妙地融入了校徽、各个二级学院的 Logo 以及院徽等文化符号，对这些文化符号进行多样化的变形与衍生设计。此外，The coop 在产品选材方面也独具匠心，它合理利用原材料自身特性，美观实用，实现功能效用与视觉美学的统一。

以哈佛大学的冰箱贴为例，其在结合产品实用价值的同时，充分利用了校园风景和人文历史景观作为传达文化的自然符号，将具象的人文之美融入设计之中，给使用者以独特的精神享受。现在许多造型特别、创意巧妙的文化创意产品，因其实用价值不高，导致产品无人问津。我们设计的时候要选择师生在日常生活当中所用的产品，让这些文化创意产品和大家的日常生活紧密相连，息息相关，使其功能得到重视和升华，从而达到有效的宣传效果，发挥它的认知功能。

校园文化产品体现着学校的文化底蕴，是传播校园文化和提高学校社会影响力的重要途径，开发校园文化产品除了满足实用功能之外，还要运用艺术的手法，将产品想要传递的信息，用不同的线条、色彩、形态及材质加以设计及组合，促使消费者购买文化创意类产品，领略文化符号所传的神，即产品的文化价值和美感价值。挖掘校园人文历史，发现校园师生的不同需求，广泛收集师生的创意灵感，加强学科间的交叉课程学习，增加动漫周边产品开发与设计的训练，做到"传神"和"达意"了，校园文化产品的艺术价值自然也就高了。

第二节　动漫文化创意产品设计

一、动漫文化创意产品的相关理论

"动画"是一个在我国出现时间较短的新词汇，围绕着这个词一直以来产生了两种误解。第一种误解是很多人认为这是一个舶来品。在翻阅了很多资料且搜索了部分网络信息后，大部分人认为这是从日本流传过来的一个新概念。其实会有这种想法，一点也不奇怪，日本被称为"漫画之国"，每年动画出产量也为世界第一。但这个词却不是由日本传来的，浙江工商大学日本所的网站"日语聊天室"曾经就此问题展开越洋讨论。让他们感到惊讶的是，网络那边的日本人告诉他们，其实在日本，至今还没有"动画"的概念。

第二种误解是很多人按照字面的意思把"动漫"简单地归纳为动画加漫画。当然，这也不能完全算错，因为这两部分可以说是组成动漫的主体，就拿"动漫"当中的这个"漫"字来说，在中国，不少人可能就把这个"漫"简单地理解成漫画书。但是在日本，"漫画"这个词的含义比 comic 要宽泛得多，它包括杂志、单行本和单幅画等。

首先来了解一下"动画"的定义。1989 年，爱德华·斯茂（Edward S. Small）和尤金·李文森（Eugene Levinson）在一篇名为《一个动画理论》（Toward a Theory of Animation）的论文中，将"动画"定义为"一种单格摄影的技术"。而莫瑞恩·弗内斯（Maureen Furniss）在 1998 年的著作《动感的艺术：动画美学》（Art in Motion: Animation Aesthetics）中表示：有个针对动画思考的办法，就是和真人实景演出的手法做比较。运用无生命的物体，以及逐格的拍摄技巧，就表示是"动画"。反之，利用看起来有生命的物体结合连续拍摄技巧，表示的就是"真人实景电影"。

全球最具影响力的动画组织——国际动画电影协会，即 ASIFA，在其章程中提出，动画的艺术是除了真人实景的拍摄方法以外，借由各种技术的操控来创造动态影像。现在被广泛认同的定义是由动画大师诺曼·麦克拉伦提出来的，动画不是"会动的画"的艺术，而是"画出来的运动"的艺术。每个画面彼此之间产生的效果，比起每个画面本身的效果更为重要。因此，动画是针对暗藏与画面之间的空隙加以操控的艺术。诺曼·麦克拉伦是真正的动画艺术家、实验动画人。一生拍摄了近 60 部动画短片，赢得 147 个国际动画大奖，带领加拿大国家电影局动画部创造了惊人的辉煌。

我们知道了动画的定义后，再来看看动画是如何产生的。关于动画何时诞生，市面上有很多书籍在动画史部分都有相似的注释。1962 年，法国考古学家普度欧马（Prudhommeau）在研究报告中提到，在两万五千年前的石器时代，阿尔塔米拉洞穴壁画"奔跑的野牛"中就有野牛奔跑分析图。这是人类第一次用石块等绘画工具来捕捉动作的图画。

将洞穴绘画认为是动画起源，这种说法有它的道理，毕竟这是人类最早使用动态画面这个概念的证据。但这时有个更深一层的问题摆在了我们面前：当时的人类为何要创造这样一种绘画方式呢？要解答这个问题并不困难。在那个茹毛饮血的年代，生产力极度低下，人类对于大自然怀着无比敬畏的心理，因为很多自然现象用当时的知识无法解释，人们不知道为什么会有风、雨、雷、电、四季更替等现象。为了避免终日惶恐不安，出现了一部分特殊的人。说他们特殊，是因为他们是第一批脱离体力劳动的人，他们就是"巫师"。这群人的工作就是解答当时其他人不能理解的现象，他们的解答直接导致了许多故事的诞生，一代又一代的巫师把故事丰满起来，并教给群落里最擅长讲故事的人。时间长了，人们便不满足于只听故事了，于是延伸出了很多表现方式，如舞蹈、歌唱和绘画。人们用各种方法想将故事流传下去，就是在这种背景下，出现了我们之前所说的洞穴壁画。

从上面的描述中我们可以得到这样两个结论：第一，动画和其他很多艺术形式的真正起源是故事；第二，动画的出现并不是一个偶然，而是一个长期的过程，这从一个侧面说明了它其实从远古就被刻进了人们的潜意识里。它的出现是因为我们从精神深处某种需求导致我们"发现"了它。这也就决定了动画产业注定是一个长盛不衰的阳光产业。

介绍了动画，就不得不提到"漫画"这个概念，这两个原本属于不同形式的艺术概念，在今天正变得越来越密切。以日本动画产业为例就能说明这个问题，现在的日本动画产业已经摸索出了一种适合自己的模式，那就是动画产业脱胎于漫画产业。在日本，有70%的动画是根据漫画改编而成的。

漫画是绘画艺术的一个品种，常采用夸张、比喻、象征等手法，讽刺、批评或歌颂某些人和事，具有较强的社会性，也有只为了娱乐的作品。娱乐性质的作品往往存在搞笑型和人物创造型，直接或隐晦、含蓄地表达作者对纷纭世事的理解及态度，是含有讽刺或幽默的一种浪漫主义绘画。它同其他绘画的主要区别在于其独特的构思方法和表现手法，它具有讽刺与幽默的艺术特点以及认识、教育和审美等社会功能。1925年上海《文学周报》连载了丰子恺的画，该刊主编郑振铎把丰子恺这种风格独特的画定名为"漫画"（图 4-2-1），从此"漫画"一词开始在中国流行。日本人使用"漫画"一词，以铃木焕乡为最早，但他使用的"漫画"

一词仍然来自古代中国的一种名为"漫画"的鸟；一般学界认为风俗画家英一蝶于1769年出版的《漫画图考群蝶画英》一书才是作为绘画种类的"漫画"一词的真正出处。其后，江户时代后期的小说家、风俗画家山东京传（绘画作品用名北尾政演）在1798年出版的绘本《四时交加》的自序中写道：观贵贱混驳，男女老少绵绵络绎而交加也，平常在铺中凭梧偶漫画。1814年，日本历史上最著名的浮世绘画家葛饰北斋（图4-2-2），首次出版《北斋漫画》，它共15篇，约4000幅图，为彩色折绘本，"漫画"之称遂大行其道。

图 4-2-1　丰子恺的画

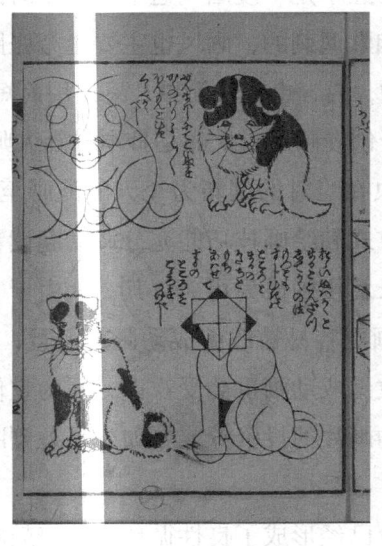

图 4-2-2　北斋漫画

动漫是动画和漫画的统称。从字面意义上看，动画是活动的、赋予生命的图画。Animation 是动画艺术的英文名称，动词形式是 Animate，词义有"赋予……以生命，使……活起来"的意思。Animation 包括所有使用逐格拍摄方式，使木偶等没有生命的事物产生看起来有生命一样运动起来的电影，属于电影的四大片种之一，是动画片、剪纸片、木偶片和折纸片的总称。因此，动画有"赋予生命"的含义。后来，有人将许多的画片放在转盘上，这样图案投射在墙上就使人产生了物体在运动的错觉，典型地利用了视觉暂留原理。人的眼睛在看到一幅作品或者说是一个物体的时候，短期在大脑中的记忆不会消失，在一幅画面没有消失前播放下一个画面，就会给人一种流畅的视觉变化效果。

动画强调了"动"的特性，它借助人类"视觉暂留"的特性，用连续的画面展现自身内容。而漫画则更多地强调了"画"这个概念，它囊括了一切绘画表现手段，用不动的纸张表现出生动内容。概括地说，漫画是空间的艺术，而动画则是时间的艺术。有一点要指出的是，漫画从诞生之初到现在，已经产生了太多的变化。影视动画取材于漫画与漫画的自身艺术特点是分不开的。漫画制作不像电影、动画制作那样复杂，主要是独立化和个体化的制作模式，投入比较低。漫画的创作更自由、更灵活，容易产生一些优秀的作品。影视动画取材都是一些成功的漫画，这些漫画经过市场的检验，已获得一定的知名度，市场更容易接受。

我们这里说的漫画已经不是"漫画"这个词诞生时的含义了，漫画初到这个世界上时，内容大都是幽默讽刺的，画风也主要走夸张路线。从形式上看，也只有单幅、四幅和多格几种，内容也比较简单，只是用简短的篇幅讲述一个小故事。为它们画上分割线并且开创漫画新时代的是日本漫画大师手冢治虫。

现在看来，手冢治虫在当时的创新为今天的漫画至少带来了两个深远影响：其一，这种新颖的构图方式和绘画技巧能充分调动起读者的想象力，并且能让漫画与读者产生互动，让长篇漫画成为可能。其二，由于它在创作之初就动用了电影的手法，使得这些漫画更容易被改编成动画，而且，如果一部漫画很受欢迎，那我们几乎可以肯定它改编成动画也会受欢迎，因为它们对故事情节有着相同的表现手法。这样，作为动画片的投资方能更加容易地判断出这部漫画是否有改编的价值。

现在的日本动画产业已经形成了良性循环，政府鼓励漫画家进行创作，每年有各种针对漫画的大赛。优秀的作品和新人都会在这些比赛中被发掘出来。新人会与出版社签约继续创作作品。如果一部出版作品反响一般，可能在漫画类杂志上连载几期后就会被砍掉。反之，如果读者反响好，就会被要求增加连载，内容也会不断扩充，如果好评还在增加，就会有动画公司出面将其制作成动画。介绍完动画、漫画、动漫这几个概念，接下来介绍一下动漫文化创意产品的基本含义。

（一）动漫文化创意产品的基本含义

尽管学界对动漫、动漫产业的界定略有不同，但是，业界和受众比较认同的定义是：动漫产业，是指以"创意"为核心，以动画、漫画为主要表现形式，包含动画片、漫画书、报刊、电影、电视、音像制品、舞台剧和基于现代信息传播技术手段的动漫新品种等动漫直接产品的开发、生产、出版、播出、演出和销售，以及与动漫形象有关的服装、玩具、电子游戏等衍生产品的生产和经营的产业，因为有着广泛的发展前景，故动漫产业被称为"新兴的朝阳产业"。

围绕动漫产业派生的动漫文化创意产品也被称为"动漫衍生品"，简单地说，指的是利用卡通动漫、电游、手游中的原创人物形象，经过专业设计师的精心设计，开发制造出的一系列可供售卖的服务或产品，如音像制品、电影、书籍、各种游戏、玩具、动漫形象模型、服饰、饮料、保健品、袜业、鞋业、文具等都能开发成动漫衍生品，更能以形象授权方式衍生到更广泛领域，如主题餐饮、主题公园等旅游产业及服务行业等。世界第一个动漫衍生品形象来自华特·迪士尼创造的米奇老鼠，1929年米奇形象第一次以300美元的价格被授权给一家文具公司，此后米奇的肖像被印到了书写板上，从此开始了长达90多年的传奇。

（二）动漫文化创意产品的特征

动漫文化创意产品有以下三大特征。

1. 创意核心性

动漫形象诞生后，所有的产品都以此创意为核心进行开发，动漫创意贯穿整个产业链条的始终，在长长的产业链条上，所有的衍生品都是动漫形象深度开发的结果。以漫画《乌龙院》（图4-2-3）为例，作者敖幼祥的创作以"漫友文化"为切入点，完成了《乌龙院》的四大系列作品，随后又出版了与漫画相关的杂志及文化创意产品，使得《乌龙院》这部作品重新焕发生机。

图 4-2-3 《乌龙院》海报

2. 品牌增值性

随着动漫产业链的不断拓展，动漫产品形成了自身的品牌优势，以动漫带动衍生品的销售，增强动漫产品附加值。文化创意产业处于技术创新和研发等产业价值链的高端环节，是一种高附加值的产业。文化创意产品价值中，科技和文化的附加值比例明显高于普通的产品和服务，文化创意产业与信息技术、传播技术和自动化技术等的广泛应用密切相关，呈现出高知识性、智能化的特征。常见的传播媒体，如电影、电视等产品的创作，是通过与光电技术、计算机仿真技术等相结合而完成的。

3. 形象的独特性

动漫形象是动漫衍生产品的灵魂，创作者在形象塑造方面的可发挥空间较大，他们可以采用夸张变形的手法最大程度地体现出动漫形象的独特个性。动漫作品中的动漫形象以夸张强烈的面部表情和诙谐幽默的肢体语言呈现出富有想象力且独特的视觉体验，这也正是动漫形象被大众接受和喜爱的主要原因。以风靡全球的迪士尼动画电影《冰雪奇缘》中的"雪宝"（图 4-2-4）形象为例，它性格开朗热情，富有幽默感，常常把场面变得搞笑，这无疑成为这部动画的亮点之一。动漫形象的应用范围广泛，不仅可以从一部作品中提炼出一系列相关形象的造型产品，更可以将动漫形象延伸运用到我们日常生活中的文化创意产品设计中。

图 4-2-4 《冰雪奇缘》雪宝

（三）动漫文化创意产品的分类

简单来说，动漫文化创意产品就是创意价值的产品化。各种艺术品、文化旅游纪念品、办公产品、家居日用产品、科技日用造型设计等都可能成为文化创意产品。一个新鲜的创意让一件产品附加上超出用户期待的文化艺术价值、智慧创意价值，让大众心甘情愿地接受并产生购买行为，便是文化创意产品发展的理由。

根据不同使用场景分类，可以将动漫文化创意产品具体分为以下类别：

动漫游戏：原创动漫、原创游戏。

传媒出版：报刊发行、图书出版、影视剧本、书稿交易、电子出版物。

影视音像：DV作品、歌曲创作、影视制作、音像制作、广告贴片。

服装服饰：首饰、服装、手表、丝巾、手包。

创意邮品：纪念邮折、纪念卡、明信片。

文具产品：便笺本、笔记本、书签。

琉璃制品：摆件、名片架、饰品。

电子优品：鼠标套装、电子音箱、卡式U盘。

生活随行：徽章、冰箱贴、随行杯、化妆镜、幻彩包、钥匙扣、餐垫、手机饰品。

生活随行品是动漫文化创意产品中较为常见的类别，随着国民文化需求的日益扩大，消费者对能满足精神文化需求的动漫文化创意产品更为青睐。如星巴克的暖暖熊系列钥匙扣,以宫崎骏著名动漫电影《龙猫》为依据制作的系列文化创意产品(图4-2-5),都是以著名动漫IP形象为题材设计的文化创意产品,它们凭借在粉丝群体中的影响力和号召力,受到热烈追捧。

图4-2-5 《龙猫》系列文化创意产品

二、动漫文化创意产品设计的原则

动漫文化创意产品的设计核心是把握设计动机实现用户需求,设计师对设计动机具有良好的把控能力,对整个文化创意产品的创意方法以及设计思路也就自然而然形成。受众的审美期望首先反馈给设计师形成设计诉求,设计师再按照自己的设计价值观进行创意与设计工作,最终受众对文化创意产品产生用户体验。

(一)设计的研发动机

设计师的主观意识、设计事项的发生背景以及客观的设计条件等因素都会影响设计的研发动机。从设计师的角度看设计的研发动机,依据设计的深入程度将其分为四类。

1. 单纯靠模仿同类产品的跟风之作

有些人看到某个产品产生了良好的社会效益和可观的经济效益,就希望通过迅速投入资源马上进行产品设计,以期得到丰厚的回报。但这往往是不现实的。譬如,原创的动漫作品LADY CC被方兰漫文化发展公司模仿制作了一套几乎一模一样的动漫形象RABBY CC,原创的动漫作品LADY CC形象生动简洁,动态表情精简到位,是设计师经过反复推敲和不断深化的作品。而山寨版的 RABBY CC 形象,无论在色彩搭配和轮廓的凝练度上,都与原作相差甚远,是盲目跟风抄袭模仿的产物。此类模仿设计由于对产品定位不明确,细节处理粗糙,无法在设计水平上超越原作。

2. 在原有的设计基础上进行"改良"设计

在原有的文化创意产品已经比较成熟的情况下,其提升空间较小,只能从细节入手,特别是设计师在构思阶段,要注意随着时空推移及受众群体的变化、产品的功能以及定位的改变,在设计的思路上也应随之转化。

3. 差异化:产品设计的关键

文化创意产品设计企业应有的放矢地弥补市场空白,充实自身产品线的空缺,从而占有一部分市场,限制竞争对手的发展。在设计产品时,我们需要注意的是,我们必须在不损失受众对产品原有认知的前提下,赋予产品一定的自我特色。差异化不仅是吸引受众的重要因素,也是我们在竞争激烈的市场中脱颖而出的关键。因此,我们的设计策略应该是在满足用户需求的同时,又注重产品的创新和个性化,使我们的产品在众多的竞品中独树一帜。这样,我们不仅可以吸引更多的用户,还可以提高我们的市场份额,从而实现可持续的商业成功。

4. 为推广形象、扩大影响力而设计

创新的设计是每个设计师的追求,但能够成功实现并被市场认可的只是少数。在进行设计时,如果总是重复以前的老路,害怕受众不喜欢,怕不被市场认可,最后只能作出保守的方案。但如果设计师能大胆尝试,直接接受受众的评判,或许可以清晰地了解受众真实的看法。动漫文化创意产品的自身竞争力,目标人群是否真能获得使用价值、审美价值以及文化价值,真实受众的数量是否足以形成规模,产品未来发展是否能有一个较长乃至可循环的适应推广周期,只能在设计实践中得到检验。

(二)受众的使用动机

使用动机是受众需求的重要组成部分,对于设计师,不是所有的受众需求都是有参考意义的,但所有的动机都应在设计之内。受众在很多时候并不确切知道自己想要的动漫文化创意产品是怎样的,但是受众在使用产品时的用户体验是十分真实与明确的,友好的形态和易用的品质很快就会被受众认可,而粗劣的产品肯定会很快被淘汰。动漫文化创意产品的设计工作是为没有确切需求的受众设计产品,满足受众最明确的使用体验,最终把受众的认可变成一种集体无意识的理想状态。

挖掘受众的动机其实是一件非常困难的事情。每一个好的设计师都应该是一个好的演员,进行创意思维或设计表达时,能把自己的性格特征与爱好趋向等抛掉,变成目标受众,可以试想,如果设计师本人不是这个产品的典型受众,那么很难做出让其他人普遍认可的产品,当设计师能进入这样的设计状态时,那么受众的动机就会变得显而易见。

寄藤文平的作品能够在日本获得广泛的认可,并在中国也赢得了一部分拥趸,正是因为设计师考量了受众的日常习惯和心理需求,其图文相关的构图手法使他的作品成为无聊时打发时间的首选,他设计的《地铁警示宣传板》在传达信息时找到了放纵与命令之间的最佳平衡点,被社会大众普遍接受。

(三)设计价值观的实现

对于进行动漫文化创意产品设计的设计师而言,具备自己的设计价值观十分必要,否则最后设计产品很可能"泥牛入海"般淹没于商品大潮中。同时,设计价值观的实现应该是全面而合理的。设计师要时刻清醒地面对自我意识,保持与他人交流的畅通。消极的自我意识与价值观很可能让设计师作出不被受众认可的判断。特别是针对动漫文化创意产品的设计,粗暴地承袭传统式样已不能满足当今文化消费者对隐匿在物质背后的那些文化期许,只有将历史文明与当今的创意思维、设计手法进行折中,才能体现当代设计师设计价值观的匠心独运。这种折中的选择既要回应对传统文化意蕴的记忆,又要照顾现代的审美期待。在文化创意产品的设计中,往往是为传统的人文内核穿上时代的新衣。例如以周庄一家人的元素设计的周庄水乡冰箱贴,通过对周庄主题印象进行进一步的刻画,表现了作者对水乡的眷恋和对家乡的情怀,围绕着此价值观体系而开发出的动漫文化创意产品,洋溢着独特的人文主义关怀。

设计价值观有着两种面貌,一种是对历史遗存的保留,文化创意产品存留着深厚浓郁的地方传统符号形式,却具有全新的使用功能,来满足新时代人们的需求。二是对文化传统的借用，突出体现产品所蕴含的某些传统思想内核，却以现代的审美观念改换其外观，以符合现代消费者的审美经验。看看我们周围的很多设计物，诸如环境设计、建筑设计、服装设计、平面设计等都秉承这样的创作原则。

三、动漫文化创意产品的设计表达

（一）动漫文化创意产品创意方法与整合

动漫文化创意产品与其他设计产品一样，也具有实用功能、审美功能以及认知功能。特别是审美功能，通过产品的外观给人以赏心悦目的感受。要达成这种审美功能，必须使设计物包含大量超越感官的文化与精神内涵，以此唤起人们的生活情趣与价值体验。如纸雕作品《龙猫》，运用光影关系的穿插和正负形的交替使用，形成通透温暖的视觉感受。为了实现文化创意产品的审美功能，要求以特定的文化元素作为媒介，这些文化元素可以划分为两个部分：器物文明与行为习惯组成的"生活方式文化"和精神文明与意识形态组成的"价值观念文化"。

动漫文化创意产品的设计需以受众的生活方式为切入点，研究其生活方式与价值观念，使产品传递人文价值观，从物质和精神层面为受众带来愉悦感受。动漫文化创意产品设计本身，是设计师对于与产品相关"价值观念""生活方式"的一种思考与表现。设计师把握相关的价值观念与生活方式的视觉含义，把它们变成造型语言，使受众从中取得充分的信息认知与情感认同。此外，动漫形象作为一种叙述性的、具有极大包容性的、平等无政治属性的造型手法，运用在文化创意产品设计中实现创意思维的具象表达，具有先天的优势。

动漫的文化创意产品设计的创意，可以从生活方式、价值观念与情感因素三方面获取。

1. 生活方式

生活方式是人们在物质层面的文化现象。它包含满足人们衣、食、住、行所需的生活资料、生产资料。是人们在适应不同生活环境的过程中取得的成果，并以物质的形态反映了人们的价值观念。生活方式与创意的获取是紧密相连的。所谓文化意蕴便是人们生产生活造就了的各具特色的异域风情，生活方式是一个地方人们最原汁原味的体现，保持生活的关注，提取的创意才够鲜活，形成的文化创意产品也更贴近生活，清新自然。

生活方式还包含了与社会活相关的社会制度、风俗习惯、道德观念等内容。在当代旅游活动中，这一趋势越明显。人们旅游的目的是领略异域风光，获得不同于自身文化圈的生活体验，而放松身心，达到舒缓压力、调节生活节奏、满足精神愉悦的需求。在这个过中，自身不同的生活方式无疑给人以最直观的感受。诸如衣、食、住、行等方的新鲜体验是创意获取首先抓住的要点。以发掘生活方式获取的创意灵感，真而鲜活，能够让受众深入情境，体验当地人文情怀，获取文化体验，满足审美求。另一方面，搜集自然景观的创意元素，从生活方式的角度去观察、发掘创点，对于现今我们开发文化创意产品避免同质化很有意义。

丰富的地域条件造就了不同方之间人们不同的生产生活方式，设计师需对各地方"五里不同音、十里不同"的生活方式有清晰的了解与分析，结合当地文化特色开发出有全新审美体验文化创意产品。藏戏是西藏的传统民间表演活动，以"藏戏面具"为元素设计文化创意产品"藏戏面具文创胸针"，从西藏人民的生活方式中提炼出具有代性的图像样式，丰富了观赏者对藏式文化的认识。因此，结合人们的生活方式行设计，这种思考方式不易遗漏创意元素，对掌握的材料资源易于形成立体的系归纳，便于创意联想的展开。

2. 价值观念

价值观念来源于人的精神文化层面。价值观念中包含人文精神，当代有大量的理论思想可供设计师检索分。如从价值观念角度，可以对创意对象作如下考量：要开发文化创意产品的环属于哪种文学流派？在文化史上有什么影响？是否产生过表演艺术形式？戏剧式是怎样的？具有哪种信仰与宗教？遵循怎样的道德哲学？有着何种商业精神产生了怎样的团队合作技巧？催生了多少品牌与文化崇拜？当地的名人文化与受众的伦理差异、当地出土文物的文化形态有哪些？这些不同地域的各种意识形、艺术形式、宗教文化不同程度地反映在当地的社会生活、传统习俗以及民族格中。落实到具体的视觉现象上，产生了各民族、地区纷繁复杂的视觉系统，创意的获取提供了广泛素材，也为创意的表达提供了参考，它是一个永不枯竭创意源泉。广东财经大学产品设计系学生何悦平、全林才、陈天龙设计的原创动漫形象，创意源于广东雷州地区的民间传统石狗形象，由于古代文明发展程度与生产力较为落后，雷州先民需要依托某物种作为图腾以祈求庇护，而当时的瑶族信奉"狗"，"石狗"成为图腾标志，直至后来瑶汉同化，这种信仰也一直沿袭下来。设计团队在原有的石狗形象上增加现代元素，让雷州石狗文化在纪念价值和收藏价值上有更大的表现方式和空间，体现了地方文化特色，实现了地方文化特色和旅游产品相结合，不但满足了游客的收藏和纪念需求，同时也推广传承了雷州独有的地方石狗特色文化。

雷州的石狗纹饰各异，例如，洋田地区的石狗纹饰形似青蛙，沿海地区的则形似海豚，而山区的石狗纹饰则如狼或虎的形态。这些不同的纹饰反映了雷州各地区的特色和文化。职责不同的石狗也有不同的纹饰，如守田的大都面部扁平，身上饰有云雷纹，属"望天石狗"，专司风雨，以利五谷；守海的尾部饰有船锚，以利航海；守山的脚下饰有兽图，以利狩猎。雷州石狗香插造型以此为出发点，保留其传统元素神韵，用现代工业设计方法凝练造型，创造出了既古朴又前卫的传神特征。

总体来说，价值观念是先民在漫长的历史长河中积淀而成的，相对于生活方式具有稳定性和持久性。在相对稳定的环境条件下，人们的价值观总是相对稳定与恒常的。

3. 情感因素

卡通造型语言作为一种"叙述性的、无差别的、无对抗属性的、无政治倾向的"造型语言，可以与各式各样的文化元素结合。它作为文化创意产品的造型语言具有先天优势。而"可爱文化"作为卡通造型的情感内核则直接影响设计师的创意思维。以日本 Docomo 公司出品的鹦鹉兄弟为例，它们的特征是蠢萌的面部表情和憨态可掬的动作，是为推广 Docomo 公司积点卡而登场的人气角色。现在"可爱"俨然已经成为雄霸全球的一大文化现象。

我们可以尝试在商场、游乐场、艺术社区等年轻人聚居的热闹街市观察，从路边的广告招贴到店铺商标、电子显示屏，乃至衣着服饰都带有"可爱元素"浸染的痕迹。更有一些在传统印象中本该严肃的空间里，都摆放着大型的卡通形象。再往细小的部分观察，行人背包、手机上的卡通挂饰，商铺里变身成馈赠佳品的玩偶。有的年轻人的衣服上也画着卡通形象，甚至衣服本身就是一个卡通人偶，这些属于年轻人的时尚现象与外国传统的黑金朋克风格不同。这种现象里丝毫感受不到政治属性，所有的对抗都消失得无影无踪。人们就是因为可爱本身，才作出了这样的选择。

伴着日式动漫席卷而来的是"宅文化""萌热潮"，可爱文化在诸多亚文化群中，有着非同凡响的亲和力与影响力，已成为一种具有全球影响的亚文化（亚文化又称"集体文化"或"副文化"，指与主文化相对应的那些非主流的、局部的文化现象）。可爱文化的特点在于卡通形象本身带来的亲和力，其可成为某个比赛、活动、品牌、事件、地区的代言人，为观众和用户带来更直观和谐的体验。日本彦根城吉祥物"彦根小猫"手拿长刀，头戴朱红头盔的形象形态呆萌，动作滑稽可爱。其设计灵感来自彦根市拥有的著名日式古堡"彦根城"传说。古堡最著名的主人为德川四天王之一的井伊直政，在战争中他击败武田赤备军而继承了武田氏的红色盔甲，"彦根小猫"是彦根本土文化在当代的化身，但它举刀的形象丝毫不会引起观者的反感，反而有一种亲昵滑稽的喜剧效果。此外，由"彦根小猫"吉祥物衍生的手机软件对彦根古城文化起到了很好的宣传作用。通过此应用，游客可在忍者和彦根猫的带领下了解江户时代建成的城池和街道的历史，查看滋贺县彦根市的观光景点信息。该软件还有主题介绍的"推荐路线"功能、引导到达目的景点的"导航"功能，用户还能使用离线地图，即使没有网络也能阅览地图。

日本设计师在兼顾各地传统文化特色的同时，以可爱的卡通形态、去政治化的形象示人，"萌"化的文化创意产品给人带来愉悦的使用体验，消除文化差异带来的情感认同缺失，这就是卡通形态的魅力所在。

（二）创意思维的多角度整合

处在不同文化氛围中的受众群体具有不同的文化预期，当他们处在相对陌生的文化环境中，面对异于生活经验的文化创意产品时，容易产生对设计创意的误读。受众总会先从自身的文化背景出发，作出符合自身氛围的文化期待。受众在一定时间段的动机、情绪与心态在整个购买行为中扮演着重要的角色，购买的动机往往引发人们的购买需求。例如在炎热季节的自然环境中，受众趋向凉爽，向阴凉的地点移动，减少高体能消耗的运动，那么受众会产生购买阳伞、扇子的动机。可合理利用受众一段时间的思维意识趋性，使创意的层次变得丰富。

第四章 各类文化创意产品设计

以故宫彩绘陶人俑情侣晴雨伞（图4-2-6）的文化创意产品设计为例，此套产品的创意元素来源于故宫博物院藏唐代陶瓷绘女俑与唐代陶彩绘胡人俑。此设计将唐代的汉人妇女形象与胡人男子形象相结合，制成晴雨伞的伞帽和伞托底座，一方面诠释了唐代雕塑之美，另一方面也寓意着每个日出阴雨始终有君相伴的美满爱情。该设计不仅符合情侣受众氛围的文化期待，引发受众产生购买动机，而且在炎热季节的自然环境中，受众会产生购买伞的动机，从而使它的创意层次变得更加丰富。

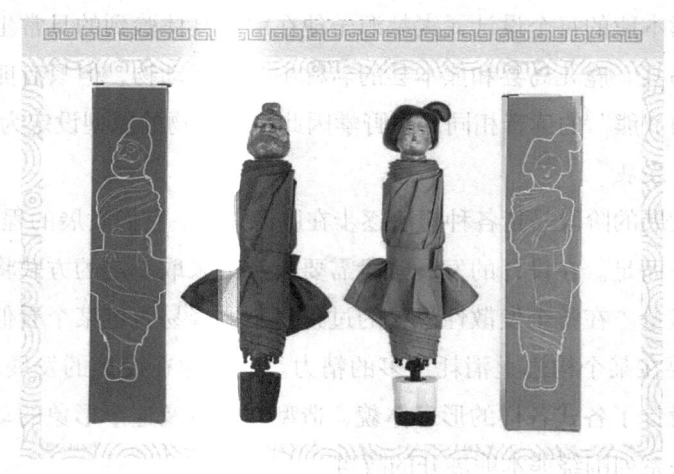

图4-2-6　故宫彩绘陶人俑情侣晴雨伞

此外，用户的情绪以及心态作为一个主观的意识，可以较为直接地影响创意体验。尤其在一定的认知基础上，更会作出具有倾向性的情感反应，这体现了人的主观倾向性。这种主观倾向性会影响受众对文化创意产品的认知与理解。好的文化创意产品能够调动用户的积极情绪，如快乐、满足、荣耀、激情、感动等，并克服负面的情绪，如不安、焦躁、烦闷、挑剔等。可在创意时加以利用，满足受众的审美体验。具体应用到设计活动中，创意思维的发展大致经过了三个紧密相连的环节：准备与酝酿、入手与发展、确定与反馈。下面以熊本熊的设计为例说明这三个环节。

1. 准备与酝酿

准备与酝酿阶段对一个文化创意的形成至关重要。在这个过程中，灵感突破重重阻碍，围绕"生活方式与价值观念"原则，采取灵活的方法，打破根深蒂固的操作，涉及多种多样的方式对与文化创意产品相关的"生活方式"进行深入了解，体验生活，进行最基础的集思广益，逐步形成对运作项目的初步印象。设计师在进行创意时，可深入有代表性的文化聚集地，和当地的民众进行沟通交流，收集第一手的信息。一次鲜活的生活体验、一段生动的故事很可能促成一个创新概念的产生。熊本熊是水野学设计理念的典型代表，他主张设计不是从无到有，而是本来就真实存在的事物，而设计则是怎么样想办法让它产生出新的产品。水野学在设计之初亲临日本九州岛的熊本县体验了当地文化和人文风土，做了实地调研工作，熊本熊的每个设计元素都源于他在熊本县体验到的日常生活。例如尽管日本的群马县、鹿儿岛县和熊本县的名称中都含有动物，但只有熊本县在日语的读音和动物"熊"的读音相同，水野学因此将吉祥物的原型设定为熊。

2. 入手与发展

入手与发展的阶段是指各种想法逐步在脑海汇聚，它们发展的程度各不相同，是否贴切不一而足。在设计的发展阶段需要设计师采取一定的方式将它们一一捕捉，再进行考量。在整个发散性思维的过程，不要轻易否定某个看似并不成熟的想法，也不要在某个构思上消耗过多的精力。熊本熊在设计的发展和深化阶段，设计师为其设计了各式各样的形体体貌、造型样式以及这个形象的动作习惯，并由此延伸出一系列围绕熊本熊展开的故事。

3. 确定与反馈

在进行构思的确认与推广时，要转换自己的思维方式，从发散思维转换到聚合思维，在几个方案之间对照、类比，判断想法是否满足创意的需求。这要利用到团队的强大之处，相互之间的检视与反馈可以有效规避固有思维与自满情绪的干扰。在熊本熊为人熟知之前，要让这只熊走进日本民众的视野，投放广告是最直接的方法。但是，熊本熊的推广预算并不多，因此网络成为最好的营销阵地。

2010年9月，熊本熊的推特（Twitter）账号正式上线。作为信息集散平台，这是公众了解它最直接的渠道，也是一个全方位的网络宣传平台。在当地政府的推动下，熊本熊开始走上事件营销的路线，它的"网红"生涯正式开启，它甚至还参加了综艺节目和影视剧拍摄。

以"熊本熊丢失腮红寻找大作战"活动为例，在活动中，为其拍摄了纪录短片。在短片的前半段部分，全县上下为丢失的腮红张贴布告，发动居民寻找……影片进入后半段，情况发生了转变。熊本县的各种"红色"土特产如西瓜、牛肉、鲜鱼、草莓等纷纷登场。人们在品尝这些美食后，面色红润，充满了健康的气色。这时，熊本熊的腮红也自然地"找到了"它的位置。影片揭示的秘密是，来熊本县旅游并品尝当地的土特产，就能体验到这种健康和活力。这些"红色"土特产不仅丰富了影片的内容，也为观众带来了视觉上的享受，同时，它们也象征着熊本县的繁荣和活力。故事关注了吉祥物整体细节，创意源于细枝末节，最终回归"推广熊本县"这一主题，将熊本县的风俗文化、当地土产和本土特色融入了相关文创作品的推广中，通过熊本熊的故事实现了宣传熊本县的终极目标。

熊本熊作为熊本县文化创意产品的代表，其带来的经济效益远超预期。熊本熊的策划团队为扩大传播效果，授权允许使用熊本熊形象的商家，不需缴纳费用。此后不到三年，世界各地遍布带有熊本熊形象的文化创意产品，熊本熊被世界各地的人所熟知。

四、动漫形象与产品造型的创造规则

动漫的文化创意产品设计将卡通造型语言应用到设计中，融合"生活方式"与"价值观念"的创意因素，形成一套适合自身特点的规则，主要体现在以下三个方面。

（一）卡通形象设计要遵循一定的造型规则

动漫形象本身是经过设计师处理，具有表现意味、带有叙述性的造型。这一类别的造型在受众的视知觉体验中，图形与背景通常由边缘线进行区分，边缘线也很自然地成为图形的一部分。完成视知觉的完形效果，要求一整套的文化创意产品在图形特点、色彩特点、材质特点上保持一致或相关联，让受众可以把它们当作一个整体来感知。

以北京2008年夏季奥运会吉祥物福娃（图4-2-7）为例，设计师将动漫形象演化为五个吉祥物造型，以象征五种不同的含义。福娃晶晶以熊猫象征大地的力量与生机，福娃迎迎以藏羚羊轻灵活泼的动作传达体育运动的动态美，福娃贝贝以仰韶文化的鱼形表现了海洋与收获的含义，福娃妮妮所用燕子风筝形象则是老北京的传统视觉符号之一，福娃欢欢的火焰象征奥运的圣火与人类文明的起源。整套吉祥物力求结合"五色""五行""五洲""五环"的形象寓意，试图将奥运精神与中国传统文化相结合，对奥运五环作出富有中国特色的诠释，完成视觉形态在语义上的体现。

图 4-2-7　福娃

福娃的头部、躯干和四肢均采用圆弧线作为基本造型单位，赋予它们寓意的装饰图形统一集中作为头饰出现。在线条特征上采用毛笔勾边的机理，观察平面设计稿可以发现"中国化"的吉祥物宛如"中国画"，结合北京奥运会会徽"中国印·舞动的北京"，再次强调了吉祥物的中国味。在福娃的位置关系上，也追求了配比的均衡。熊猫在黑白关系上，属于"黑"，视觉感受厚重，动作也相应地具有收敛性，其余的福娃在黑白关系上属于"灰白"，动作幅度也相对较大，追求夸张的画面效果，五个福娃的排列在统一中寻求变化。设计师为了将五种具体形象融于一个体系中，从含义与造型等方面为吉祥物设计了一套造型规则，五个福娃的造型与所要表达的意向达到了视觉上的趋合，形成了一个整体，满足受众对系列吉祥物整体感知的需要。

可见，动漫的文化创意产品设计遵循一定的造型规则，有利于受众将产品各个造型看作一个整体。各部分的造型要素符合受众的完形期待，使造型所呈现的创意得到完整、全面、有层次的解读。

（二）文化创意产品的环境效应

产品造型与产品的使用环境相互作用，构成了产品的环境效应。特定的情境下，文化创意产品可对环境产生主导效果，改变原有的环境氛围，形成具自身特色的视觉感受，要获得这样的视觉效果需要外部环境的相对单一，比如展厅、会场等视觉元素相对统一的自然环境。对于特定的文化创意产品而言，为了在特定的空间迅速展开视觉场景效果，达到烘托气氛的目的，就要求产品形象需具备一定的体量感，要特点明确，色彩效果强烈。如知名艺术家草间弥生以花朵为视觉符号，通过使用不同颜色和大小的花朵营造了一个气氛热烈且富有视觉冲击力的精神世界。

卡通造型语言的应用是设计师对环境主观改造的手段，根据文化创意产品应用目的的不同，其对环境产生的影响大致可以分为与环境共处融合及主导环境视觉感受两类。有意识地营造产品的环境影响是动漫文化创意产品的最高境界，利用动漫风格造型灵活变通，设计师要充分发挥自己主观意识的作用，调整文化创意产品与环境的关系，形成一定视觉氛围，令使用者产生共鸣，与自然环境与社会环境相适应，同时具有较大的容错率。以2005年日本爱知世博会为例，不论是会场建设创意还是展馆的设计，以及所展示的材料技术与传统特色，都遵循了与自然和谐共处的原则，世博会以最新的科学技术展现各国和各个民族与土地和大自然之间的深厚联系，以及在这种联系的基础上发展起来的文化和精神特点。其世博会吉祥物森林小子Kiccoro和森林爷爷Morizo，森林小子喜欢到处乱跑，他精力旺盛，总想观看这尝试那，充满好奇和活力，天真、明快、常常惊喜，喜欢森林爷爷，也很尊重爷爷。森林爷爷和蔼可亲，又不失威严，他知识渊博，又充满好奇心。森林小子和森林爷爷作为爱知世博会的吉祥物，以家庭成员的组合呈现，代表着森林的精灵，有着很多神奇的力量，以森林爷爷和森林小子形象开发的动漫文化创意产品在世博会中受到大众的喜爱。既传达了"自然的睿智"主题，也和世博园环境协调统一，是产品形象与周围环境和谐相处、相互促进的典例。

（三）构建和谐有序的秩序美

美国数学家帕克·霍夫提出"审美度"来考量秩序美感。他认为有秩序感的事物容易引起受众的审美愉悦，秩序感不明确或复杂的物体因其视觉上的不易把握，需要消耗观者较多的精力，故不易引起受众的注意。所以和谐有序的秩序美，本身能给人带来美感体验，方便设计美的传达。造型结构的设计应明确文化创意产品在空间中的位置状态，形成在的位置秩序。例如，水平结构的床、沙发、机械设备等，它们的主体线条是沿着水平方向展开的，给人一种静态或稳定的感受。而倾斜的座椅、摩托机车等给人的是一种动态美感。垂直的灯具、酒瓶类容器给人以凸起、挺拔的感受，形成交替存在的位置关系，给人带来美感享受。

宜家陶瓷多用密封罐在造型上赋予密封罐音乐般的韵律感，这样可以形成一种流动的形式感。竹制茶具套装将南瓜纹理的质感巧妙地运用到茶具设计中，形成了不同类型产品之间的隐喻，肌理符号融通了饮食文化与生活情调和感受。该套茶具的设计语言刷新了用户日常的视觉感受，把握住了造型风格跨界的分寸，不失为构建和谐有序的秩序美典范。

五、动漫文化创意产品系列化设计

卡通画的造型可以轻而易举地实现生动表达，无差别地让受众获得直观印象，也具有一般图像信息的普遍不足，如概念不明确、脱离情境、容易产生误读等特性。动漫卡通形象的造型具有信息直观、具体鲜明等特征，同时它所包含的内容很难进行完整的文字表述。要确保动漫文化创意产品造型在设计中得到正确解读，可采用系列化的产品设计方法，以形成"商品的商场"效应，使其始终不脱离原设计的语境。从传播学的角度看，成系列的产品易于产生情节化的场景，有助于引起受众的注意，把卡通形象亲切、可爱的正面情感转化到其他方面，比如激发消费者的购买意愿。系列产品本身是一种重复，受众浏览系列产品时好似在一段时间内接受广告的重复刺激，加深卡通形象对受众的影响，巧妙地刺激受众的认知，使产品故事深入人心。

（一）动漫文化创意产品整体与细节的关系

动漫文化创意产品在形成主形象之后，为了实现传播效果的最大化，往往需要延展产品系列，扩大产品种类，乃至形成视觉识别系统的应用。这要求系列卡通形象造型具有相关性，以保证系列中的每个部分都可以作为整体之一而被感知。强调整体与细节的区别，整体的对比引领细节的对比，也可以使用统一的元素，使不同的造型产生整体感。动漫文化创意产品的开发，不仅是动漫人物形象的简单复制，更应该与故事情节和受众的体验紧密关联，以美国漫威超级英雄美国队长动漫文化创意产品为例，使用美国队长盾牌元素进行设计开发的数据线套装，由于盾牌是美国队长的随身武器，识别度高，特征明显，更容易引发使用者对漫威作品的想象和情感共鸣。

（二）动漫文化创意产品系列化的影响

动漫文化创意产品系列化开发能扩大其文化影响力，形成产品文化氛围。文化创意产品的营销若要创造更大的价值，必须对产品进行系列化、规模化的构建。系列化的文化创意产品有利于在推广与流通环节确立与其他文化创意产业的合作关系，有利于文化创意产业链上具有核心地位的企业，如文化商品经销商、大型旅行社、大型网站等的产品分销。

一方面，系列化的动漫文化创意产品给人的视觉感受相较于单独的形象对环境产生的效果有较大差别，系列中每个造型之间的协调关系提高了受众对整体形象的感受。另一方面，系列化的文化创意产品会对营销以及其他相关产业的协作产生积极影响。在当今的文化创意产业链中，各行业间的壁垒日益降低，创意产业链紧密联系。行业内应充分把握好这种关联原则，进行设计开发。星巴克在2018年新年推出的文化创意产品是系列文化创意产品的典型案例，该系列产品包括新年好运杯、杯盖、徽章、挂件、窗花以及红包封，具有喜庆意味的中国红贯穿于整个系列的产品之中，产品皆以"狗"作为主要元素，以此来呼应2018中国狗年。年味气息不仅体现在产品的用色和设计元素上，还洋溢于设计师对产品类型的选择上，无论是窗花还是红包封都是中国人过年的必备产品，很好地迎合了中国传统文化的语境。

（三）讲述产品故事

讲述产品故事是展现生活方式、推销价值观念的有效手段。成系列的文化创意产品可以讲述受众不了解的产品故事，使得卡通形象的情态特征变得更加充分，背后的价值观念得以表达。

广东财经大学2012级产品设计学生董兰波设计的原创动漫形象《晴兵天将》，其故事设定为：晴空之国建立之后，国家实行的休养生息政策使百姓不再饱受战乱之苦，国力逐渐强盛。然而有一天，帝国丞相与黑巫师发动了一场恐怖政变，丞相囚禁了晴空国贤明的君主，并将皇后纯净的灵魂作为祭品施以禁忌黑巫术，全国普通士兵都变为被他驱使的兵俑，邪恶丞相和黑巫师从此控制了晴空国，这次政变被称为"兵马俑事变"。残暴的统治下，晴空国的子民再次面临一段黑暗。主人公秦兵是一位正义勇敢的将军，在"兵马俑事变"当天于乱军中救皇帝和战友之子小金子逃出秦都。他们在被追杀的路上受墨家墨子所救，随后入仙人山学艺六年，仙人告诉秦兵，只有七个有着最纯净的七色灵魂的人齐心协力，才能破除黑巫术，拯救这个国家。为了人民、国家、君主，以及那些被邪灵附体的战友，他踏上了注定充满荆棘坎坷的英雄之路……《晴兵天将》中人物设定有22人，他们有着不同的来历背景和性格，形态各异，造型多样。通过故事的渲染，人物形象更加有血有肉，与读者内心的"英雄情结"产生共鸣，从而使人物形象深入读者内心。设计者把晴兵天将的动漫人物形象用到文化创意产品的系列化设计中，丰富了产品类别，同时不同的人物动态组合也间接呈现了故事剧本的内容。

六、动漫文化创意产品的使用体验

（一）以人为本的设计原则

动漫的产品形象与用户的认知具有一定差距，这对构建用户使用体验和产品形象的人机关联提出了要求：在利用认知差距做设计的同时要保证以人为本的设计原则。著名认知心理学家唐纳德·A.诺曼教授认为，一个好的产品设计应该具备易于理解和易于使用两个特性。设计应该遵循两个基本原则：提供好的概念模型和可视性。总之，一个好的概念模型能使我们预测操作行为的效果。

（二）符合人的使用心理

现在许多造型美观的文化创意产品，因为不符合人的使用心理，导致设计并不成功。如一个白色的环保袋，人们在经验的惯性理解上会产生"不耐脏"的意识。为了调整受众的心理经验，在做设计时要进行有目的的引导："本白·自然·不染色·更环保"，使用环保袋的行为是一种使大自然洁净的环保行为，抵消原来白色不耐脏的思维定势，使受众从有意识地应用产品，变成一种使用产品的习惯。自行车比萨刀，将圆形的切盘和自行车融合，把用户切比萨的动作变成了颇有新意的推车过程，抓住了用户爱玩的心理，让其在分切比萨饼的过程中体验到了不同的乐趣。

（三）生产工艺与使用体验

生产活动可以引申为产品造型的初次应用。在接受消费者检验之前，综合考虑所用材质、材料、加工技术的各种可能性，实现效益的最大化。无印良品设计师依据日本社会崇尚环保、节约资源的生活理念，推出"干香菇碎"的袋装食品。该产品只是将挑拣完整香菇剩下的残次品收集起来，再打包出售。因其珍惜资源、节约能源的环保理念，碎香菇变成了设计物。此产品一推出就广受好评，以至于搜集不到那么多碎香菇，只好把完整的香菇打碎出售。这足以说明生产活动中辩证地看待生产工艺过程与使用过程，对于提供良好使用体验有很大帮助。

文化创意产品的设计动机、创意构思与设计表达是进行动漫文化创意产品设计的基本过程，不同的生活环境和价值观念作用于文化创意产业的设计过程，会形成极具当地人文特色和产业附属性的文化创意产品。

第三节　旅游文化创意产品设计

一、旅游文化创意产品的功能

旅游文化代表旅游行为的全面性，是其时间和空间的延伸。旅游文化创意产品被定义为由文化、创意产品和旅游相结合而形成的产品。其核心特征是具有独特性和文化底蕴，具有新颖、独特、互动、穿透力强的特点。旅游文化通常分为传统旅游文化和现代旅游文化，前者主要包括游客和旅游景观文化，后者增加了旅游和文化的交流。旅游文化创意产品是充分发挥现代旅游业效能的一种文化产品设计。

旅游文化创意产品起源于西方，由文化产业的创意产业和旅游产业组成。旅游文化创意产品开发是根据市场需求规划、设计、开发，组合旅游资源、旅游设施、旅游人力资源和旅游景点进行的创意产品设计。由于旅游产品的生命周期客观存在，为了保持旅游企业的可持续发展，应该有梯队地进行旅游文化创意产品开发：有一代成熟的旅游产品，一代处于成长阶段的产品，一代正在开发中的产品。只有这样，我们才能保持旅游文化创意产品的可持续发展。旅游景点管理企业应及时采取预防措施，及时分析外部环境，预测旅游产品的生命周期，以及时开发旅游产品。根据产品的开发程度和性能，可将旅游文化创意产品的归属按景点分为成熟、新兴和活动三种类型。成熟的景点包括艺术博物馆、雕塑花园、特色博物馆、音乐厅、主题公园以及电影和电视基地；新兴景点包括IT园区旅游、动漫产业园区观光、出版业访问、文化产业园区参观；活动类景点包括节日活动、旅游活动、音乐庆典、服装展示、设计展览和个人作品展览。

几乎所有的旅客在旅游时都不会放过当地的美食，而美食也是旅客最为青睐的送礼佳品。澳门杏仁饼是一道著名的美食（图4-3-1），当地独特的食品加工技术，加上具有一定历史的品牌，使旅游文化创意产品具有食用和人际沟通的作用。另外还有一部分旅客，以感受当地特色或者体验独特工艺为旅行目标，如到景德镇不仅可目睹陶瓷文化及其制作工艺，而且可以购买有特色的陶瓷茶具，使得这类旅游文化创意用品既具有实用性，又起到一定的人际交流作用。当地服装、首饰、纪念章等以及当地特色美食，如澳门猪肉脯、云南鲜花饼、重庆火锅底料等，都是年轻一代游客所青睐的产品类型。

图4-3-1 澳门杏仁饼

二、旅游文化创意产品的分类

文化遗址遗迹旅游产品。这类旅游文化产品的开发主要建立在文物、遗址两类旅游资源上，重点突出普遍价值，满足游客体验传统文化，了解历史演变和古代科学艺术的需求。其发展的关键和核心是保持旅游产品的真实性。如罗马斗兽场拼图（图 4-3-2）成功地复原了意大利斗兽场的原貌，还原了斗兽场的真实性。

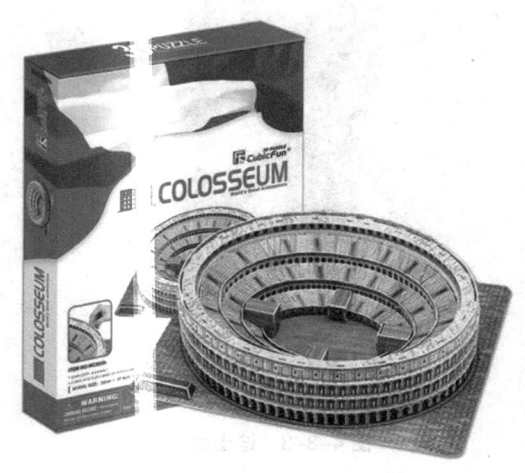

图 4-3-2　罗马斗兽场拼图

文化历史建筑群旅游产品。此类旅游文化产品主要包括历史文化名城、历史街区、古镇、古村落、少数民族聚居区。其发展的关键在于保持材料载体的真实性和空间载体的完整性。

文化景观遗产旅游产品。这些旅游文化产品分为三种类型：第一种是人工设计和创造景观，如森林景观、田园景观和宗教文化景观；第二种是有机进化景观，例如古老的残余文化景观和田园诗般的延续景观；第三种是相关景观，其特点是自然因素具有强烈的宗教、艺术或文化相关性。其发展的关键是保护人与自然之间的互动，使不同类型的文化景观具有不同的特征。

文化主题公园旅游产品。这些旅游文化产品是人工建设的具有特定文化创意活动的现代旅游场所。有的是基于本土文化的主题公园，有的是基于现代技术和虚拟技术的文化动漫游戏主题公园。开发时要充分考虑市场需求、选址地点、品牌知名度和衍生品开发等。迪士尼系列公仔（图 4-3-3、图 4-3-4）将迪士尼文化元素融入产品设计和制作，然后推广其衍生动画产品，与文化主题公园结合，让游客有兴趣购买。

图 4-3-3　迪士尼公仔

图 4-3-4　迪士尼公仔

文化娱乐旅游产品。这些旅游文化产品是流行、时尚、精致和品牌的表演艺术产品，包括民族风情展示旅游产品、文化遗产旅游产品和景观等。其开发关键是依托地方独特的旅游文化资源和自然人文景观。

旅游文化创意产品按照使用功能又可分为以下几类：

装饰：领带、围巾、民间艺术摆件、生肖饰品、中国结、京剧脸谱、传统纺织品、密封件、海报、珠宝、建筑模型、水晶工艺品等。

实用茶壶、笔、筷子、厨房用品、指南针、镜子、U盘、钱包、香水等。

娱乐：风筝、七巧板、填字游戏、棋盘游戏、灯笼、木偶、剪纸艺术等。

教育乐器、教育书籍。

保健：肥皂、健球、木梳、玉枕、人参等。

食用：饼类、蘑菇、芝麻糖等。

传承邮票、钱币、明信片、书法作品、香炉等，它们一般具有相应的收藏价值。

三、旅游文化创意产品的特点

旅游文化创意产品不同于普通产品，其特点比普通产品更加鲜明和突出，具有纪念性、时间性、区域性、美观性和便携性等特点。

（一）纪念性

纪念是旅游文化创意产品设计的基本要素。旅游消费者一般通过旅游体验，对景点文化相关的产品产生兴趣，然后产生购物行为，这类旅游文化创意产品的纪念意义是多方面的。一方面，它们受到旅游目的地环境的影响，包括受当地人、气候和风景的驱动；另一方面则是受到旅游中的审美、信仰及经历的影响。

从旅游消费者的角度来看，旅游分为精神层面和物质层面：精神层面主要体现为游客在旅游过程中获得的心理和精神欲望的满足，物质层面主要体现在旅游文化创意产品上。离开旅游目的地后，游客经常会通过旅游文化创意产品回忆起过去的美好体验。因此，旅游文化创意产品应该是纪念性的，要做到吸引游客，与他们产生共鸣，实现产品的价值。

以故宫纪念品为例，故宫文创是故宫博物院下的自主创意品牌，明成祖RAP、Q版人物造型等都出自该品牌。紫禁城文创牌匾系列立体冰箱贴，灵感来源于紫禁城宫殿的牌匾设计，其外框设计模仿了紫禁城的牌匾形状，各种文案设计可用于家中不同场景。比如减肥人士可在冰箱上使用"冷宫"，书房可用"上书房"，厨房可使用"御膳房"等；让游客在家也能感受到故宫的气息，有很强的纪念性。

(二)时代性

旅游文化创意产品传达的信息和外在形式代表的时代是旅游文化创意产品的时代特征,与旅游目的地的历史文化和潮流文化有关,如秦始皇品牌的西安兵马俑纪念品。秦朝是中国古代史上第一个统一的中央集权的封建王朝,代表着秦朝的历史文化,而兵马俑化纪念品则是提取历史文化元素所创作的文化产品,较好地体现了"俑"的文化特征,促进了西安文化产业的发展。

(三)地域性

文化内涵是地域特色的重要组成部分。了解和整合更多的区域文化是旅游文化创意产品设计的核心环节,可以提高产品档次,触动游客心灵。区域文化的形成往往与当地的历史和文化密切相关。旅游文化创意产品的地域性是旅游文化创意产品的重要特征之一,是指地方旅游的独特而不可替代的实质资源和精神意识形态,它是旅游区独特的文化基础和象征。融合了区域文化设计的旅游文化创意产品,从另一个角度来看,集中体现了旅游景区人文或自然景观的特征和内涵。旅游文化创意产品的地理特征越明显,对游客越有吸引力。因此,它可以唤起游客购买行为的欲望并促进当地文化的传承。

旅游文化创意产品是实质性的物化产品。不同的地区以不同的形式和内容表达其所具有的地理特征。如北京天坛陶瓷饰品以表现天坛独特的建筑设计为主,辅以材料和文化内涵展示旅游文化创意产品的地域性。

当地旅游区独特的文化内涵与现代元素相结合,突出旅游文化创意产品地域特征。例如,享有瓷都美誉的江西景德镇,有悠久的瓷器历史。它的瓷器精致,品种繁多,风格独特,装饰丰富,闻名世界,是当地最好的代表和象征。景德镇独特的高岭土资源是保证其瓷器质量的必要条件,可以说,这种独特的黏土已经成为"瓷器之乡"的代表。西安的兵马俑具有较强的地域特色和旅游文化,创意产品选择兵马俑作为主题元素,则可以突出西安的地域特色。可见,突出地域特色、浓厚的文化内涵和高尚的文化品位相结合,创造了成功的旅游文化创意产品。

由于不同的自然环境和社会习俗,不同地区会具有不同的地域文化特征,因此,产品设计材料和造型加工、包装和包装的概念也要变得多样化。为了设计更好的旅游文化创意产品，必须通过现代设计方法和技术把握区域特色资源和特色文化的核心内涵。

（四）美观性

精致美观是大部分产品应有的基本特征，旅游文化创意产品也应注重运用现代元素，注入时尚符号，可从以下几个方面进行反思：材质、工艺、色彩、装饰和造型。

1. 材质美

随着科技的进步，各种新型材料频频面世，为了达到创新和美观的目的，产品设计师不断尝试新材料，以丰富产品的性能，增强产品的美观性。美学材料也离不开加工技术，只有两者的结合才能展现出迷人的质感，让材质本身拥有美丽的灵魂。例如，塑料通过巧妙的加工技术应用表现出材料的美感，如城市之扇工艺品采用木制材料，而加工工艺则采用人工雕刻，创作素材是中国各城市的地标性建筑，如北京天安门、上海东方明珠，结合加工工艺制成有美感的木制工艺旅游文化创意产品。

2. 工艺美

工艺美术实际上是一门造型艺术，它把产品与美学相结合，加上产品的实用性，增加产品的美学特征，通过工艺加工产品，最终形成具有艺术形式的产品，并赋予产品新的形象，在形状、颜色和装饰上具有一定的美学特征。如招财蛙，这种手工艺品是用木头做的，经手工雕刻而成。游客将蛙嘴中的长棍抽出来，之后在蛙背部摩擦，即可发出青蛙的叫声，不由得感叹其技巧和设计的美感。

3. 色彩美

旅游文化创意产品材料的固有色彩以及人类增添的色彩所赋予的色彩美感被称为"纪念品的色彩美"。人的主观因素对色彩的美感有很大的影响，这与其内在的色彩审美意识有关。相同的颜色在不同的游客感受中是不同的，这与游客的个人品位有关，在旅游文化创意产品的设计中，颜色与纪念品的功能、使用人群和使用环境有关。俄罗斯套娃（图4-3-5），其装饰工艺加上特别的纹样，再搭配鲜艳明亮的颜色，旅客会被此工艺品所吸引，产生好奇。运用鲜艳色彩再搭配工艺材料突出色彩是一个成功的产品所不能缺失的。

图 4-3-5 俄罗斯套娃

4. 装饰美

旅游文化创意产品要给人一种美感，就需要通过艺术手段来实现产品形式、内容和细节的丰富。要达到这一点，它的装饰方法多种多样。一种是根据不同的形状产生丰富的装饰美，另一种是通过不同的纹理、颜色、图案等来处理纪念品的外观。大多数旅游文化创意产品都优先于观看，因此有必要提高产品的外观美感。最直接的方法是通过不同的装饰来达到增强外观美的效果。正如国内的旅游文化创意产品越来越重视包装的美感，其中一些包装精美，甚至掩盖了产品的原有功能。从产品设计的初衷出发，完美结合装饰美与产品功能美的产品才是真正优秀的产品。在设计过程中，我们必须权衡两者之间的关系是否合理，最后才能达到最佳效果。民族编织袋采用人工编织技术，具有民族特色和时尚潮流色彩，充满民族装饰风格。

5. 造型美

形状之美是满足人们对功能和审美品位需求的完美契合。造型原则一般包括三个方面：美学、经济和原创。以梅州客家文化元素为题材的客家民居挂盘，其以土楼和围龙屋为基础造型，结合现代艺术潮流将其平面化，采用雕刻技法增加立体感，将客家民居的造型美以平面的形式展现得淋漓尽致。

（五）便携性

携带方便也是旅游文化创意产品的特色之一，一般来说，旅游活动有三个特点：随意性、非原生境性和一次性，这或多或少限制了游客的消费欲望，减少了游客在旅游区的购买行为。有的创意产品，给游客留下深刻印象后，最终会因长途旅行而被遗弃，从流动性的角度来看，小巧玲珑，携带方便，易于运输的旅游文化创意产品将更受欢迎。如鲁班锁工艺品中的锁制品对比很明显，大型的工艺品虽然比小工艺品更能体现鲁班开锁工艺，但大型的工艺品由于占位过大，旅客一般不会作为纪念品首选购买，而是选择具有同样功能，而且方便携带的小型工艺品作为旅行纪念品。

影响旅游文化创意产品的便携性有很多原因，但最重要的部分是产品理念和材料的选择，材料的选择将直接影响纪念品是否便携。因此，设计产品包装也很重要。客丰家实酒瓶以客家建筑围龙屋的门楼为设计元素，用红陶材料雕砌排列，加上寓意吉祥的名字，游客既可饮酒，又可了解客家建筑文化，还可留下瓶子作为纪念品。而具有同样意境与功能的大酒瓶，由于便捷性不如小酒瓶，往往是旅客不愿意购买的重要因素之一。

综上所述，旅游文化创意产品的纪念特色、现代特色、地域特色、审美特征和便携特征是旅游文化创意产品的基本特征。纪念性特征是旅游文化创意产品的必要属性，是旅游者购买纪念品的动力和意义；地域性特征是根本属性，也是纪念品设计的核心要素；美观性特征是基本属性，是吸引旅游者的首要因素；美观性特征和便携性特征是重要属性，也是纪念品设计的基本原则。把握它们相互之间的联系、影响和作用，对产品设计具有深远的意义和重要的指导作用。

四、旅游文化创意产品设计原则

旅游文化创意产品的设计与开发，作为一种创造性的思维活动，具有很强的规律性、自主性和灵活性。因此，创造力的构成和创作灵感不能是随意行为，必须要遵循一定的客观规律，依照客观原则，以达到发展的目的，实现发展效益。

创新是设计的生命，为了克服相似化和同质化的问题，需要不断引入新思路，旅游创意文化产品的设计必须引入设计创新思维，根据市场调查，结合产品设计原则。

（一）地域性原则

设计中要将旅游创意文化产品与丰富多彩的民俗文化完美结合，恰当地解决旅游文化创意产品的雷同问题，丰富旅游创意文化产品市场，提高旅游创意文化产品的市场占有率。

在设计的过程中，提取所属地域特有的文化因素，可提升文化产品开发的新颖性，增加文化产品的地域代表性，如故宫皇帝书签，提取皇帝坐船钓鱼的形象，以鱼线作为书签夹，而皇帝在船的书签体具有位置提醒功能，具有浓烈的故宫味道。

（二）实用性原则

所有优质产品都必须遵循实用性原则，这是设计的首要任务。

旅游文化创意产品是一个具有纪念性的物品，需要实用性的支持，没有用处的产品创作出来是不成功的，很可能不会有旅客购买。圆明园鼠标垫，提取圆明园景色元素于鼠标垫上，成为一个具有当地特色文化的产品，而鼠标垫是电脑使用者都需要的产品，具有很强的实用性。

（三）美学原则

优秀的旅游创意文化产品设计具有审美价值，它所传达的审美体验对于用户购买产品至关重要。我们每天使用的产品将影响我们的生活环境，以及我们的情绪和生活质量。每一个人都有审美能力，在旅客眼里，能吸引到眼球的产品，他们才会有兴趣去了解；反之，一个功能普通且缺乏美感的产品，很难引起消费者注意。苗族文化梳子提取了苗族头饰与颈饰为基础造型，梳子雕花也选用中国传统图案。其造型具有苗族文化元素的造型美感并体现了苗族文化，使用者也会因产品的美感，增加对少数民族文化的认知。

（四）纪念原则

在旅游体验中，具有纪念功能的产品是旅客美好回忆的载体。旅游创意文化产品是旅客在游览某个景点时留下的纪念品，因此，在设计创新中，要把握旅游文化创意产品的纪念原则。当看到特定旅游文化创意产品时，要使旅客能回忆起旅途中的美好感受或情感思绪，如哈尔滨冰雪大世界纪念币（图4-3-6），提取了大世界建筑元素，制成了一个纪念币，这块纪念币作为一个地方的标志起到了纪念作用，也能作为旅客途经此地的某种证明。

图 4-3-6　哈尔滨冰雪大世界纪念币

（五）时代原则

旅游创意文化产品应尽可能贴近时代精神，基于当代技术的标准和文化意识，反映当代价值观和文化特征，促进生活方式的发展。对于一些历史悠久的手工艺品，可在继承旧主题和旧工艺的同时进行创新，这将使其更容易被年轻一代接受。

旅游文化创意产品应与时俱进，注重创新，适应人们的价值取向和生活方式变化。如在手机壳上印苗族女孩服饰的插图，将手机外壳与苗族女孩插画相结合，图案新颖美观，激发游客的购买欲望和新奇感。

（六）环保原则

旅游文化创意产品的设计不仅要以创新为基础，同时还要注重环境保护，应选择环保材料。旅游文化创意产品普遍使用的材料有金属、木头、玻璃、塑料、陶瓷、布料等。社会倡导绿色生活，产品的开发也需要与时俱进，如创意纸筒的设计师利用了平常不需要的废纸以及废纸筒来进行二次设计，这类设计产品所使用的环保性材料是其一大特点，成为旅客青睐的一大理由。

（七）简洁原则

出色的设计使产品的功能一目了然。简单而纯粹的设计能减少用户学习成本并增强其使用体验。旅游文化创意产品的设计应简单、易操作、携带方便，以满足游客的便携和使用需求。

基本原则是构成旅游文化创意产品创新设计最重要的要素。对这些原则的理解越深入，设计产品中的创新意识就越强烈，越具市场开发潜力。

五、传统文化旅游创意产品的设计案例分析

传统文化是一种反映文明进步、反映民族特色和风格的文化。它是国家历史上各种意识形态文化和概念的总体表现，世界各地都有自己的传统文化。中国的传统文化建立在儒道互补的基础上，包括诗、词、曲、赋、中国画、书法、对联、谜语等形式。传统文化与当代文化和外国文化相对应，它的内容是过去存在的物质、制度、精神文化实体和文化意识。

中华五千年文化，是一种历史的见证，而代表文化的则是这类文化产品，它们既有传承性，又有创新性。文化的沉淀，能造就大量的文化创意产品。如尚元堂品牌旅游纪念书签四件套，分为紫光檀、非洲酸枝木、楠木、非洲紫檀四种材质，分别雕刻梅、兰、竹、菊。此外，尚元堂与故宫博物院联合开发了很多包含故宫、天安门等元素的旅游纪念产品，利用传统木工工艺结合众多现代时尚元素，开发出数十款精美实用的U盘、蓝牙音箱等产品。该品牌的产品还把红木文化与现代生活有机结合，加以传统红木制作工艺，材质优良，做工精细，采用天然生漆，健康环保，体积小巧，收纳方便，将时尚与传统、实用与收藏完美结合，是一件值得收藏或赠送的文化产品。

十二生肖就是传统经典文化，其鼠、牛、虎、兔、龙、蛇、马、羊、猴、鸡、狗、猪的概念具有无限的延展性。它有历史的、文化的、精神的、现实的、过去的、当代的、物质的、非物质的等多种属性，设计者可以挖掘提炼十二生肖的精神内涵和品质魅力。如京剧生肖就是以十二生肖为主体，宣传中国国粹京剧，大胆融入中国特色，把现代与传统和谐结合，创作出一组外观华丽，造型可爱，生产可行的布绒玩具产品，深受小孩与家长的喜爱。

文房四宝向来是颇受文人重视的。客家·陶瓷文房四宝，由笔筒、笔架、砚台、印泥盒等组成。作品以梅州客家地区的特色建筑——围龙屋和土楼为设计元素，以陶瓷艺术纯朴的语言真实而又形象地塑造出客家围龙屋、土楼的结构特征及形象，它们可以组合和拆分。组合后展现在人们面前的是客家围龙屋建筑严格的中轴对称美和圆土楼的神奇。

古人云"取一佳砚，胜于珙璧"。这套陶瓷文房四宝集中体现了客家文化与陶瓷的特点，让人们在欣赏陶瓷艺术的美感时，同时享受富有地域特色和乡土气息的客家建筑景观，以及内外文化的回味。它们精湛的艺术和文明成就具有一定的实用性、美感、欣赏和收藏价值。

中国历史悠久，地域辽阔，自然环境多样，各地社会环境不同，在漫长的发展历史中，逐渐形成了不同形式的住宅建筑。传统的住宅建筑受地理环境影响，生动地反映了人与自然的关系。旅游文化创意产品的设计，既要在传统文化上做创新，也要在产品上相融合，实现传统文化与产品的结合。客家·陶瓷文房四宝产品中，以客家地区建筑形式之一——圆土楼为创作依据，以陶瓷器皿为载体，以夸张的形象映射客家建筑强烈的节奏感，以梅花为装饰（梅花是梅州的市花），选用青花装饰法，内容被自由挥洒于永恒的瓷面上"固化"下来，构图上又摒除一切非必要的配景，以突出主题描写的构图特色，明快的造型及色彩的组合使人在欣赏陶瓷青花装饰以实求虚、青中求白、密中求疏的艺术意境空间美的同时，又欣赏到富有地域特色和乡土气息的客家风景。作品运用陶瓷青花装饰艺术这一特殊的造型语言方式来诠释客家文化，共同传播他们精湛的艺术、文明的成果。白釉下面的对联——"梅开梅州春，客来客家情"更突出了客家人的好客、梅花品质及对客人的诚意和美好祝愿。

从延伸的角度来看，中国饮食文化可以从时间和技术、地域和经济、民族和宗教、食品和餐具、消费和等级、民俗和功能等不同角度进行分类，呈现出不同的文化品位并反映不同的使用价值。传统饮食文化元素也是获取文化产品设计灵感的重要途径。以客家特色美食"发粄"为主体而开发的旅游文化产品，陶瓷材料真实展现出不同颜色的粄，让人惊讶于眼前这"发粄"的神奇，同时，该产品还可做牙签筒或厨房调味料容器使用。

六、旅游文化创意用品设计经验与启示

（一）台北故宫博物院旅游文化创意用品设计经验

从旅游产品的开发来看，各地区的旅游单位必须从全面发展的角度研究并定位其发展方向，从底层寻找当地的旅游文化资源，并根据市场的各种因素全面探

索文化内涵，将其转变为可直接投放市场的旅游产品。此外，在已经整理出来的众多文化产品中，有必要筛选出具有文化代表性的产品，在投放市场的早期，观察市场效应，继续投放后续产品。

台北故宫博物院的文创用品开发已有十年历史，最初，台北故宫博物院的文创和许多其他博物馆一样，主要售卖一些展出文物的仿真品，从审美性、观赏性、文化性上来说，与普通旅游景区的文化创意用品没有太多区别，欠缺对市场的了解以及研究。2000 年之后，台北故宫博物院开始向全球征集创意，从文化资源挖掘开始，利用设计竞赛，重新打造文创纪念品。其中被人熟知的"朕知道了"纸胶带就是在创意设计海选比赛中两个学生设计的方案。除了大热的纸胶带，其他台北故宫博物院热卖的产品还有"戴头上是发髻、拿下来是颈枕"的唐朝仕女颈枕、翠玉白菜折叠伞等。

在综合文化资源表达和文化载体经济投入的前提下，台北故宫博物院有大量的文化沉淀，选择传统文化元素来开发产品，建筑、文物、历史故事等都成了研发团队取材的宝库。无论是故宫的大门还是房顶的脊兽，皇帝御批、牌匾，都可进行深度发掘，并将其特色应用于受市场欢迎的载体，这是故宫文创成功的关键。据说，"朕知道了"纸胶带的创意就是从 15.8 万件宫中密档朱批中遴选出来的文化符号。

（二）苏州博物馆旅游文化创意用品设计经验

明清两代苏州文人创造的以"精细秀雅"为特色的苏州文化渗透进苏州的方方面面，也吸引着众多游客，苏州博物馆亦是以文雅为主打风格（图 4-3-7）。

图 4-3-7　苏州博物馆

第四章　各类文化创意产品设计

苏州博物馆旁是四大名园之一的拙政园，馆内一部分区域还是太平天国忠王府，馆外向南步行5分钟就是狮子林。贝聿铭的设计让苏州博物馆建筑成为文创产品的设计元素之一，开创了国内博物馆建筑成为亮点的先河，并衍生出一系列文创产品。如图4-3-8所示是以苏州博物馆建筑为设计元素的夜光书签。

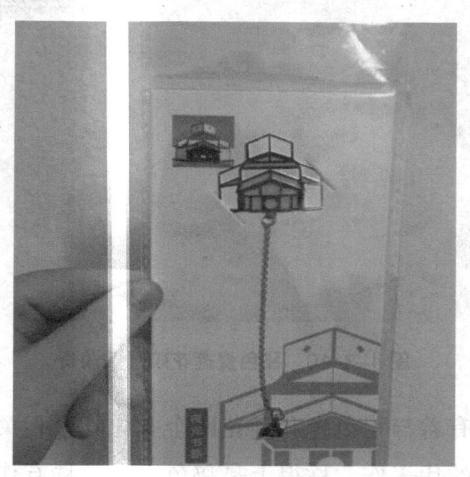

图4-3-8　苏州博物馆建筑夜光书签

很多博物馆都会以镇馆之宝作为文化元素进行文创产品的开发。提起台北故宫博物院，人们会立刻想到"翠玉白菜""东坡肉形石""毛公鼎"这三大镇馆之宝，如图4-3-9所示就是以翠玉白菜为文化元素进行设计的三款文创产品，分别是胸针、挂坠和橡皮擦。大英博物馆的文创产品则是"埃及罗塞塔石碑""古希腊帕特农神庙的埃尔金大理石雕塑"和《女史箴图》。

图4-3-9　翠玉白菜衍生的文创产品

123

在苏州博物馆文创产品中最受参观者欢迎的是由镇馆之宝秘色瓷莲花碗衍生出的秘色瓷莲花碗抹茶曲奇（图 4-3-10）。

图 4-3-10 秘色瓷莲花碗抹茶曲奇

在这件文物背后有着与秘色瓷和莲花两个文化元素相关的故事。秘色瓷莲花碗是一件越窑青瓷中的代表作，称得上是秘色瓷中的稀有作品，也是苏州博物馆三件国宝文物之一。秘色瓷始烧于唐、五代和北宋初期，其技术难度较大。五代时吴越王钱氏建国，在浙江上林湖置官监窑烧制青瓷，并将其列为宫廷供品，庶臣不能使用。整个器皿以莲花为造型，由碗和盏托两部分组成，釉层厚且通体一致、光洁如玉，如宁静的湖水一般清澈碧绿，恰似一朵盛开的莲花。荷花即莲花，历来被人们赋予出淤泥而不染的君子美德，随着佛教的传入，莲花被赋予了更多的内涵，并成为佛教艺术的主要题材之一。这件秘色瓷莲花碗不仅是一件精美的瓷器，同时也是一件境界极高的精神产品，通过它艺术与佛法被完美地融合在一起。

秘色瓷莲花碗抹茶曲奇之所以被众人所喜爱，除了文物本身是苏州博物馆的镇馆之宝外，还与其平易近人的价格和中国人"民以食为天"的信条不无关系。食品是文创设计中的一个非常接地气的产品载体。

仔细观察苏州博物馆中的众多文创产品，大多是和地域紧密结合，围绕着"吴门四家"进行的。吴门四家也称"明四家"，分别是沈周、文徵明、唐寅和仇英，这也是苏州文化的重要名片。四人的画作对后世影响极大，也为苏州文创产品设计提供了非常丰富、直观的视觉素材。

第四章　各类文化创意产品设计

如果说乾隆的"带货"能力在故宫是排第一位的，那么唐寅的"带货"能力在苏州博物馆就是独一无二的。在明四家中大家最为熟悉的就是唐寅（唐伯虎），虽然他的画作不是人人都能欣赏，但是唐伯虎点秋香的故事大家都耳熟能详。所以，以唐寅为文化元素开发的文创产品品类不算多么特别，都是些最为常见的明信片、笔记本、手机壳、书签、文件夹等，却也自成特色，十分实用，颇受消费者的喜爱。

也许是因为苏州本身就是属文艺的城市，苏州博物馆的文创产品只要和苏州的文化元素一相关就立刻变得文艺起来。无论是沈周玉兰缂丝真皮钱包，还是明四家彩墨限量珍藏套装墨水，或是文徵明特展中的衡山杯，消费者都能从中感受到浓郁的文艺气息，虽然其载体本身都是非常实用的产品，但是往往只在特定场景下才会用到。比如沈周玉兰缂丝真皮钱包，钱包本身是实用的东西，但是缂丝的金贵让普通人用起来总是小心翼翼；如图4-3-11所示的明四家彩墨限量珍藏套装墨水，光是四色不同的墨水名称就能让人感到雅致、文艺，产品具有染料墨水的渐变与流丽，配上唐寅的"桃花一梦"信笺，仿佛自己也成了桃花树下的桃花仙。

图4-3-11　明四家彩墨限量珍藏套装墨水

苏州博物馆销售过的最文艺、也是最令人瞠目结舌的产品就是文衡先生手植紫藤的种子。售卖的紫藤种子源自苏州博物馆内一棵由文徵明亲自栽种、有500年历史的紫藤树，这是其他博物馆无法模仿的"独一无二"的产品（图4-3-12）。

125

虽然它的实用性几乎为零，但苏州博物馆就是以故事为卖点，消费者买的也只是情怀。

图 4-3-12　文徵明手植紫藤树种子

每年紫藤会结出约 5000 颗种子，设计师会从中挑出 3000 颗，文创产品一盒 3 颗种子，每盒 25 元，每年限量 1000 份，产品往往在预售时便被一抢而空。文徵明作为明代画坛的领军人物，给了这颗百年古树不一样的情怀，其种子因此便有了苏州文脉延续和象征的寓意。消费者通过这棵种子能够产生一种思接千载的感觉，仿佛穿越回《姑苏繁华图》中的那个姑苏。明四家有着说不完的故事，也有着说不完的文化元素。2019 年年初，苏州博物馆还与天猫新文创跨界合作唐伯虎春日现代游，利用苏州博物馆的建筑外观及四大才子的人物形象，以春游穿越之旅为主题，设计出以 2019 春装为主打的产品。它们分别是桃花流水之间、穿越时空之间、诗情画意之间、山水画卷之间四大主题，并衍生出 10 款不同类别的产品。同时，苏州博物馆还精心策划了一场为期 6 天的"明代才子茶派对"，不仅有产品的体验还有场景的体验。所以说，文创产品并不一定是有形的，还能以"有形+无形"的方式存在。

在苏州博物馆众多的以茶为主题的文创产品中，有一款既价格亲民，又十分雅致有趣的茶包——唐寅茶包（图 4-3-13）。茶包上的唐寅成了一个潇洒风流中有一点呆萌的江南文人，似乎和周星驰的影片《唐伯虎点秋香》里的形象重合了。

在影片中，唐寅有这样一句台词："别人笑我太疯癫，我笑他人看不穿。"这似乎就是众人想象中唐寅的样子。豆瓣上对于产品的评论是这样的：好可爱啊。颓废又可爱的调调，让人不忍去泡，感觉和每日的工作十分搭配。茶叶包装竟能如此萌！就像"江南第一才子"醉倒在茶杯中。

图 4-3-13　唐寅茶包

唐寅和他的朋友祝枝山、文徵明、徐祯卿同为江南四大才子，都很喜欢喝茶，并留下了不少关于茶的"茶画"和"茶字"，其中尤以唐寅的《事茗图》和文徵明的《惠山茶会记》最为出名。唐寅在《事茗图》中的题诗标志着"文人茶"的境界："日长何所事，茗碗自赏持。"茶不仅是一种饮料，更是一种生活方式。苏州博物馆在销售茶包时，随礼盒附赠《唐伯虎小传》，让消费者再次跨越时空感受"文人雅集，醉卧风流"之趣。

（三）旅游文化创意用品设计启示

近年来，我国日益重视旅游文化创意产品开发工作，由于社会环境的变化，许多旅游目的地和当地文化所依赖的空气和土壤逐渐丧失。在新形势下，文化创意产业和休闲旅游经济的发展为文化创意产品提供了生存空间，在一些地区，当地借助城市和景点进行"表演"，强调从参与、学习、创造和发展来有效推动旅游文化创意产品的发展。

强调"参与"指的是游客对旅游地文化活动的深度体验，它与"走马观花""蜻蜓点水"式的旅游截然不同，游客只有沉浸在环境中，参与各种活动，与社区居民和其他游客进行深入沟通，才能真正了解旅游目的地的文化，为"学习""创造"和"发展"奠定基础。

强调"学习"是指游客增加知识和开阔视野，积极接收信息，并对旅游文化产生深入了解的欲望。

突出"创意"重点是强调某些技能，发挥其创造潜力。特别是对那些具有多样性和文化底蕴的文化旅游目的地，其产品更应打破原有的"规则"，并根据文化背景和喜好重新诠释旅游文化产品创新，使游客成为旅游产品的共同生产者。

谋划"发展"要掌握一定的技巧，满足游客自我超越和自我实现的愿望，从旅游者的创意旅游需求角度实现传统的形式和旅游内容的多样性、象征性、实用性和虚拟性的旅游文化创意产品自我发展。

丽江依托其独特的东巴象形文字资源和木雕文化资源，开发各类旅游艺术品。木雕工艺遍布丽江商业街，面向旅游市场的木雕工艺尤为常见。这是文化与载体的结合，是东巴文化与古镇市场的完美融合发展。

目前，中国的旅游文化创意产业尚不成熟，需求不稳定，产业链不完善。对旅游文化创意产品设计的分析，需要充分了解各地传统文化和审美习惯，将科学、技术、文化、艺术、社会和经济融为一体，设计出具有新颖性、创造性和实用性的旅游文化创意产品。

第五章　新时代文化创意产业的发展

本章是新时代文化创意产业的发展，包括数字技术与文化创意产品的创新、移动互联网技术对文化创意产业的影响、新媒体艺术与文化创意产业的融合互动，以及新媒体时代文化创意产业的媒介营销趋势。

第一节　数字技术与文化创意产品的创新

一、数字技术的定义

数字技术主要包括场景设计、角色设计、游戏编程、新媒体处理、人机交互技术，主要用于游戏开发、网页设计和创意设计。

数字技术是综合处理文字、声音、图形、图像和其他信息的技术。

数字技术所涉猎的中心技术和内容主要涵盖了数字信息的获取、输出、存储、处理、传播等。

二、数字技术对文化创意产品的影响

互联网以及物联网技术的发展，对数字产品的影响是非常大的，互联网技术的进步不仅带来了更多的产业，如电子游戏、动漫、微视频等，还会给现有产业及文化带来许多冲击。互联网技术由内而外地改变着文化创意产品，以下是其主要影响。

（一）数字技术提升了文化创意产品的传播能力

数字技术对于文化创意产品的传播能力产生了深远的影响，这主要体现在速度、范围和表现力三个关键方面。

首先，数字技术通过将信息转化为数据包，能够实现即时传递，打破了传统传播方式中的时空限制。这意味着文化创意产品可以在全球范围内迅速传播，让更多的人在第一时间接触到最新的文化、科技信息。

其次，数字技术的多媒体和交互性特征，为文化创意产品的传播提供了更丰富的表达方式和媒介手段。这不仅提高了文化创意产品的传播效果，而且也极大地提高了传播文化、科技信息的能力。通过数字技术，文化创意产品能够以更加生动、形象的方式呈现给更广泛的受众群体，从而增强其影响力和感染力。

最后，数字技术为文化创意产业的发展提供了强有力的支持。通过数字技术的运用，文化创意产品的传播速度更快、范围更广、表现力更强，这无疑为文化创意产业的发展提供了更加广阔的空间和更多的机会。数字技术的不断发展，将会为文化创意产业带来更多的创新和突破，并推动其不断向前发展。

（二）数字技术使文化创意产品能够再现完整的感官体验

使文化创意产品再现完整的感官体验是数字技术所具备的一项重要功能。现阶段，普通的多媒体技术已经具备了结合视听觉的功能，而虚拟现实技术更是先进，它使用的三维传感设备也已经能够做到对动作变化进行实时追踪，甚至还有成功实现嗅觉和味觉数字化的案例。以色列魏茨曼研究院的教授发明了一种气味传输装置，能够将香味转化为数字"指纹"，并发送出去，使人的大脑能够产生与实际闻到香味相同的感觉。这一技术的出现，为我们提供了一个全新的交流方式。同时，安立与日本九州大学的研究小组也在研究味觉原理方面取得了突破，成功地实现了味觉数字化。这意味着，未来的文化创意产品将能够综合利用各种感觉，如视觉、听觉、触觉、嗅觉和味觉等，来传递更加真实的感受。随着技术的不断成熟，我们期待着这些创新成果能够为人类带来更加丰富和生动的体验。

三、基于数字技术的文化创意产品创新策略

根据产品创新的定义，它是从用户需求出发的创新，而产品层次理论正是根据用户需求将一个完整的产品分为了若干层次，产品创新也就可以在不同的层次上采取相应的策略。

（一）基于数字技术的形式创新

随着科技的发展，人们对于数字技术的应用也越发成熟，当数字技术应用于文化创意产品时，便诞生了两种主要方式：一种是将原有产品进行数字化；另一种是使用数字化技术开发新的数字化文化创意产品。

1. 将传统文化创意产品转化为数字形式

将传统文化创意产品进行全面的数字化处理，是将其转化为数字形式的必要步骤。这样做不仅有助于更好地存储、传输和使用这些文化瑰宝，还能为传统文化的传承和发扬提供强有力的支持。

对于文字创意产品，我们需要将其转化为二进制编码。这种编码方式可以确保信息的准确性和完整性，同时也方便计算机进行处理和存储。对于图像创意产品，我们需要将其转化为数字线条和符号。通过这种方式，我们可以保留图像的细节和特点，并且可以在任何时间、任何地点进行查看和使用。对于音频和视频创意产品，我们需要通过数字技术手段进行转换。这种转换过程可以确保音频和视频的质量和清晰度，同时也方便我们进行编辑、加工、传输和使用。

对于文化遗产等实物创意产品，我们需要通过拍摄照片、视频或全息投影、三维全景等技术手段将其转化为数字化形式。这种转化过程可以让我们更好地了解和欣赏这些珍贵的文化遗产，并且可以避免因时间、环境等因素造成的损坏和遗失。

通过这些方式，我们可以方便地存储、传输和使用传统文化创意产品。这意味着我们可以随时随地了解和欣赏传统文化的魅力，同时也为传统文化的传承和发扬提供了更为广阔的空间和更多的可能性。数字化处理不仅可以保护传统文化创意产品的真实性和完整性，还可以促进文化的多样性和繁荣发展。因此，全面数字化处理传统文化创意产品是一种重要的保护和传承传统文化的手段。

2. 开发新形式的数字文化创意产品

除了将已有数字文化产品进行数字化外，还可以直接采用数字化技术对文化创意产品进行生产，这种新式产品往往还存在很强的聚集效应，如形成各种科技馆、主题公园等。

（二）基于数字技术的功能和服务创新

根据产品分层理论，文化创意产业的基础产品和延伸产品两个方面的创新，主要表现为功能创新和服务创新。

1. 功能创新

提到数字技术和数字化，人们通常想到的几个新功能是多媒体功能和交互功能。

（1）多媒体功能

数字技术为文化创意产业开辟了全新的领域，使得产品创新成为可能。其中，增强多媒体性成为其中的关键策略，这使得新型数字文化创意产品如虚拟现实等得以蓬勃发展。这些产品利用先进的技术，为我们营造了一个接近真实的虚拟世界，让我们仿佛身临其境。虽然虚拟现实目前仍处于初级阶段，但它的潜力却已初露端倪。通过使用视觉、听觉、触觉和嗅觉等多种媒体，我们能够更加深入地沉浸在虚拟世界中，获得前所未有的体验。这种多媒体性的增强，不仅创新了文化创意产品的功能，也极大地推动了其数字化进程。在未来，我们有理由相信，随着技术的不断进步，数字技术将在文化创意产业中发挥更大的作用，为我们的生活带来更多惊喜和可能性。

（2）交互功能

数字技术为文化创意产品注入了新的生命力，使其交互功能得以实现。以往，传统的创意产品在传播方式上只能采取单向传播，让用户被动接受，然而，数字技术的运用打破了这一局面，让产品与用户之间产生了实时互动。这种交互功能不仅使用户能够更加主动地参与到文化创意产品的消费中，还极大地丰富了用户的体验感。

智能化功能则是在交互功能的基础上，使产品在更高层次上实现了交互。它不仅赋予了产品以生命，也使用户体验更加深入、更加全面。智能化功能不仅带来了前所未有的便捷，也让文化创意产品的吸引力大大增加。在未来，我们有理由相信，数字技术将会继续引领文化创意产业的发展，为我们带来更多具有创新性和吸引力的产品。

2. 服务创新

服务创新在文化创意产业中扮演着非常重要的角色。通过不断推陈出新，服务创新有助于提高产品的多样性，更好地满足消费者对个性化的需求。尤其是在竞争激烈的市场环境中，服务创新能够有效地提升企业的竞争力，为企业的长远发展提供强大动力。同时，产品创新也能推动服务创新，使企业能够在不断变化的市场环境中保持领先地位，持续地发展壮大。因此，服务创新和产品创新是相辅相成、互相促进的关系，共同推动着企业的发展。

第二节　移动互联网技术对文化创意产业的影响

一、移动互联网技术在推动文化创意产业发展方面的作用

如今，人们生活的时代已经进入互联网时代，这是一个崭新的时代。在这个时代中，科技飞速发展，无数的高科技产品和新技术涌现，将人们以往的生活方式与思想观念逐一打破，涌现出的新技术会很快渗透到人们的生活之中，成为人们工作、生活中重要的一部分。

信息的传播与文化创意营销在时代的影响下也处于变革的关键时期，身处这个时代中的人们也成为这场新媒体变革的参与者与见证者，文化创意营销在互联网的背景下快速更新、发展并展现出其特有的魅力。

在当前的世界中，一些研究媒介的学者对于科学技术的发展速度发出了由衷的感叹，而中国在媒介方面也有自己独特的发展方式。在中国，随着智能手机的普及，移动媒介已经成为人们的最佳工具，中国的电商行业也在互联网的基础上发展出"电商金融"的概念，这对传统的银行业产生了一定的影响。在文化娱乐方面，许多草根艺人火爆网络，成为人们在短时间内的谈资，如今我们已经进入信息时代，文化创意产业所面对的不再是接受传统媒介传播方式的人们，而是成长在互联网时代的新一代，这代人是当前消费的中坚力量。伴随着无线互联网技术、智能手机技术的不断发展与普及，移动端的传播业务已经出现了激烈竞争的情况，受众群体的变化代表着消费方式也在发生变化，因此信息传播方式也需要随之变化。

(一)重组文化创意产业的运营模式

未来的文化创意产业将以移动互联网为主要平台,其运营模式将发生很大的改变。对于移动互联网用户而言,影视、戏剧、文学、动漫、游戏等不同领域的跨界衍生现象已成为常态。"互联网+传统文化创意产业"将成为一种新的运营模式,这种模式有利于实现产业值的最大化。

如今人们可以从互联网世界中的文化营销实践来管窥社会与时代发生的变化。现代的市场营销在互联网思维的影响下已经不再同工业革命时期的社会变革一样,每一步都要遵循机械的使用步骤,而是呈现出迅速发展的状态。如在互联网思维的影响下,餐饮行业、出租车行业、唱片行业已经发生了巨大的变化,影视行业、旅游行业、教育行业等在互联网思维背景下正在发生变化。

在2014年北京大学制作了全新的宣传片《星空日记》,此宣传片内容是一名叫何晓东的学生的励志故事,何晓东在片中调侃自己为时代的屌丝,但却有一个手摘星辰的梦想。他的主修专业是经济学,但是为了自己的梦想选择了天文学为辅修专业,并且在毕业时制作了一个优秀的毕业设计作品。该宣传片在播放之后引起了人们的共鸣,许多人纷纷将其转载到朋友圈,激励了许多追逐梦想的人。

我们仔细分析《星空日记》能够发现这个宣传片所呈现的变化。首先,传播渠道发生了变化,大学制作的宣传片不再只是放在电视台或者学校的官方网站上进行播放,而是选择发布在互联网上,在微博、微信朋友圈中,让看到宣传片的人都能够进行分享;其次,话语的方式发生了变化,以往的大学宣传片内容多为学校领导或者国家领导人进行非正式、官方的陈述,宣传片的风格多为大气宏伟、严肃郑重,这使很多观看的学生产生了距离感,对宣传片的内容也不会仔细观看。但是《星空日记》中的内容是一个普通人的故事,对以往的宣传片进行了彻底的颠覆,完全改变了原本宣传片的话语体系;再次,传播角度发生了变化,以往大学所制作的宣传片都是高大上的,对于大众而言,影片中呈现出的高高在上的宣传片风格并不能引起共鸣。大众只是单纯地接收信息,领导在片中宣传学校的信息,就像在会议上演讲一样,而《星空日记》一改以往的形式,将内容以电影的形式呈现出来,向观众讲述了一个故事,观众通过宣传片不仅能够获取学校的信息,还能够被故事激励;最后,北京大学的营销传播方式发生了变化,这一变化是使营销推广回到了互联网思维，创造梦想与价值上，而这种思想恰恰是大众真正需求的。

消费者在观看影片时，对影片中插入的广告最反感，哪怕是一些植入广告，有些观众也十分反感。但是如果将广告变成另一种形式传递给观众呢？将广告的内容以一种情感共鸣的方式传递给观众，能使观众在看广告时感到愉悦的享受。如苹果手机的广告，将苹果手机描述为一个具有多种功能，用户可以享受其智能服务的"魔术产品"。

20世纪，原创媒介理论家麦克卢汉曾说过"媒介即信息"，在移动互联网世界，内容就是信息，要想使这些信息被受众接受，就需要将受众内心深处的情感释放出来。将广告变成电影一直是每个与互联网有关企业的目标，随着科学技术的发展，现在微电影制作已经成熟，各个企业开始将广告制作成微电影来宣传产品，如益达口香糖将广告制作成了一个系列微电影，在广告中男女主角之间的情感都汇聚在两片益达口香糖之中，受众在记住了两个人之间故事的同时，也记住了益达口香糖。在对文化创意产业进行运营时，也可以遵循上述模式。

（二）改变文化创意产业的营销方式

互联网企业应当充分运用移动互联网技术，与电商平台展开深度合作，共同构建一个功能完善、高效运作的网络平台。通过这个平台，可以实现线上线下的双向协作，为消费者提供更为便捷、全面的服务。此外，我们还需采用新型营销策略，不断优化和完善营销网络，以吸引更多的消费者，扩大市场份额。通过这种方式，我们能够更好地满足用户需求，提升市场竞争力，实现持续、健康地发展。

（三）刺激文化创意产品的消费

移动互联网的崛起，使得文化创意产业得以在消费者的指尖上蓬勃发展。这一新兴技术，不仅缩短了文化创意产业与消费者之间的距离，而且构建了一个高度兼容的文化创意产业平台，将作者与读者、创作者与消费者紧密地联系在一起。随着互联网的普及以及大数据技术的不断发展，对网络用户的短期消费行为进行预测分析也变得更加容易。这种分析有助于我们更好地理解消费者的需求和喜好，为每个个体提供个性化的推荐和服务，从而推动人们增加对文化创意产品的消费意愿。移动互联网的使用不仅拉近了创作者与消费者的距离，还为市场提供了海量的数据支持，使对消费者行为的短期预测成为可能，进而有助于满足不同个体的个性化需求，推动文化创意产业的持续繁荣。

（四）推动文化创意产品制作成本降低

数字科技的突飞猛进，为我们的生活带来了巨大的变革。在文化创意领域，数字科技的影响尤为明显。其进步使得制作文化创意产品的费用大幅降低，同时却能保证甚至提升产品的品质。这一变化，不仅让更多的消费者感到惊喜，更是推动了数字出版业的蓬勃发展。电子图书等文化创意产品，因为其低成本、便捷性等优势，迅速赢得了大量读者的喜爱。因此，无论从制作成本的角度，还是从推动数字出版发展的角度来看，数字科技都扮演着至关重要的角色。在未来，我们有理由相信，数字科技与文化创意的结合将会更加紧密，为我们带来更多的精彩作品。

（五）推动文化创意产品流通成本降低

文化创意产品在传统的流通模式下，面临高昂的流通成本、繁复的环节和耗时的过程。然而，移动互联网技术的崛起改变了这一现状。借助电子文件的形式，这些产品得以高效、便捷地流通，消费者只需连接网络，轻轻一点，即可随时随地下载心仪的产品，这无疑为普罗大众提供了更多接触和体验文化创意产品的机会，同时也降低了消费门槛。如此一来，文化创意产品不再只是少数人的特权，而是真正走入了千家万户，这种变革不仅推动了文化创意产业的发展，也有力地推动了社会的文化普及和进步。

（六）推动文化创意产品传播渠道增加

随着科技的发展，文化创意产品的销售渠道正在发生革命性的变化。曾经，我们只能在实体店购买这些独特而富有创意的产品，而现在，网络销售已经成为新的主流，通过电脑和网络，人们不再受地理限制，可以随时随地消费自己喜欢的文化创意产品，这给消费者带来了前所未有的便利，也大大增加了产品的曝光度和销售量。网络销售不仅打破了时间和空间的限制，还让更多人有机会接触到这些独特的产品，享受到文化创意带来的快乐。因此，我们可以预见，随着网络技术的进一步发展，文化创意产品的销售渠道将更加多元化，更多人将能够享受到这些宝贵的创意产品。

（七）推动文化创意产品消费时间增加

随着移动互联网技术的飞速发展，我们对消费文化创意产品的方式发生了翻天覆地的变化。以前，我们只能在固定场所，比如家中或图书馆，通过电脑或书籍来消费这些产品。但现在，随着智能手机的广泛普及，我们随时随地都能阅读、观看和浏览各种文化创意产品。这使得我们的零散时间，比如等车、排队或休息时，都可以被充分利用起来消费这些产品。这种消费模式的转变不仅方便了我们的生活，也让我们能够更好地利用时间，享受到更多的文化创意产品带来的乐趣。

（八）拓宽文化创意产品的创意来源

互联网技术为设计者和消费者之间建立了直接联系。通过网络，设计者可以更加全面地了解目标市场的需求和偏好，从而进行更精准的产品设计和营销。同时，网络的普及使得每个人都能成为文化创意产品的潜在设计者和消费者。网络上的开放平台和工具让每个人都有机会展示自己的创意，并与其他人进行交流和分享。

移动互联网技术的迅速发展，进一步推动了文化创意产业与信息产业的融合。智能手机的普及使得人们可以随时随地访问网络，获取各种信息和文化资源。这不仅扩大了文化创意产品的传播范围，还为消费者提供了更加便捷的购买渠道。同时，移动互联网技术也促进了文化创意产业与其他产业的跨界合作，为市场拓展带来了新的机遇。

二、移动互联网技术给文化创意产业带来的挑战

移动互联网技术飞速发展，但与此同时，我们也要清醒地认识到，移动互联网技术的特点也给用户隐私的保护带来了挑战。由于用户的个人信息和网络行为都被详细地记录和分析，隐私被侵犯的风险大大增加。一旦发生隐私泄露，不仅会损害用户的切身利益，还会对文化创意产业造成不良影响。在利用移动互联网技术推动文化创意产业发展的过程中，我们绝不能忽视用户隐私保护的重要性，这需要我们采取一系列有效的措施，确保用户个人信息和数据的安全性。只有这样，我们才能真正赢得用户的信任和支持，让文化创意产业在移动互联网的浪潮中蓬勃发展。

（一）管理经营方面

我国文化创意产业虽然尚未形成大规模的产业集群，但在"互联网+"的推动下，这一状况正在快速改变。产业分布分散的原因主要在于文化领域存在垄断和封锁现象，这使得市场无法充分发挥资源效益。另一方面，缺乏明星主导企业也导致了单一文化企业经营水平低下，收益不佳的现象。网络文化的快速发展为文化创意产业提供了源源不断的创意素材，活跃的文化氛围让文化创意更加突显生产力。然而，尽管网络文化的发展带来了诸多机遇，我国文化创意产业集群仍然呈现出分散的特点，特别是在中西部地区，文化创意产业尚未形成产业合力，这无疑是一个需要解决的问题。为解决这一问题，我们首先需要打破文化领域的垄断和封锁，让市场在资源配置中发挥决定性作用。同时，我们也应该积极培育明星主导企业，以提高文化创意产业的整体经营水平和收益。在网络文化的繁荣背景下，我们有着丰富的创意素材和活跃的文化氛围，这些都是推动文化创意产业发展的有利条件。

（二）媒介融合方面

在当前的"互联网+"背景下，文化创意产业的发展关键在于媒介融合。这一过程涉及跨地区、跨媒介、跨行业的产业拓展和壮大，同时也能加速线上虚拟文化创意园区的快速发展。在大数据时代的背景下，移动互联网技术对文化创意产业起到了巨大推动作用。为了应对全球文化创意产业的挑战，我们需要实现传播者、传播渠道、传播内容以及传播对象之间的深度融合，这意味着不仅是技术和平台的融合，更涉及人的融合，即思想观念、审美趣味、文化习惯等各个层面的融合，只有这样，我们才能更好地挖掘和利用大数据时代的丰富资源，为文化创意产业的发展提供强大的动力。因此，媒介融合不仅是文化创意产业发展的关键，也是其走向更加繁荣和强大的必由之路，在未来的日子里，我们应该进一步探索和实践这一理念，以推动文化创意产业的持续发展和提升。

（三）知识产权保护方面

在"互联网+"时代的浪潮下，文化创意产业的知识产权与信息安全问题日益凸显，这无疑给企业的发展带来了极大的挑战。其中，版权问题如同挥之不去的阴影，时刻提醒着我们这一严峻的现状，我们不能忽视互联网与知识产权保护之间深不可测的关系。互联网以其独特的开放性、共享性，为文化创意产业带来了前所未有的发展机遇。然而，这种特性也意味着任何作品、创意都有可能被轻易地复制、传播，从而引发大量的知识侵权、盗版以及创意盗窃行为。这些行为不仅严重损害了创作者的利益，也对整个产业的健康发展构成了威胁。

面对这一严峻的现状，我们深知必须采取有效的措施来应对。不仅要做到完善现有的知识产权制度，更需要加强互联网与知识产权保护和信息安全之间的关联认识，从多方面共同发力，确保文化创意产业的健康有序发展。毕竟，只有在知识产权得到充分保护的环境中，人们的创作激情和创新力才能得到最大程度的释放。

三、移动互联网技术与文化创意产业的融合发展

（一）积极保护知识产权

保护文化创意工作者的权益，必须从根本上强化知识产权的保护。政府应发挥其重要作用，对侵犯知识产权的行为进行严厉打击，对盗版商进行严惩，从而为文化创意工作者提供有力的保障。此外，有效的监管体系也是必要的，它可以鼓励公众积极参与监督和举报，确保知识产权得到充分维护。这不仅是对文化创意工作者的尊重和保护，也是对创新和创作的积极鼓励，有利于推动文化的繁荣和发展。

（二）推进智慧城市、数字城市建设

科技的迅速进步为我们的日常生活带来了巨大的变革。在这样的背景下，文化的表现形式也在发生着深刻的变化。以往，我们更多地是通过书籍、杂志、报纸等传统媒体获取信息，而现在，随着互联网和移动设备的普及，人们越来越依赖于电子设备获取信息。为了更好地适应这一变化，我们应该采取积极的措施，运用最新的数字技术将传统媒体、出版物、影视作品等文化创意产品进行数字化转换，这不仅有助于保护和传承传统文化，还可以使经典作品得到更好的传播和分享。同时，建立方便快捷的数字文化消费场所，如在线书店、电子电影院等，让人们可以随时随地沉浸在文化的海洋中，这可以让文化创意产品更加深入人心，成为人们日常生活的一部分。

(三)制作多国语言版本的文化创意产品

随着互联网的普及，我们能够更加便捷地传播文化创意产品。通过浏览外国网站和观看视频，我们可以了解和学习不同国家的文化创意产品，同时也可以购买这些产品。由此，将中国的文化创意产品翻译成多语种版本，可以更好地在国外网站上传播，让更多人了解和认识中国的民族文化，这种做法有利于实现民族文化的"走出去"战略，促进中外文化的交流与融合。

(四)大力培养复合型人才

移动互联网与文化创意产业的融合需要"技术+创意"的复合型人才。这类人才不仅应熟悉移动互联网领域的应用技术，还要具有一定的文化创意才能，这样的要求仅仅依靠从业者的自身努力在短时期内是难以实现的，因此需要政府在相关专业人才引进与培训方面制订长期规划，形成良好的人才发展氛围。同时，设立人才培训基地，帮助中小企业和互联网企业培养优秀的复合型人才，"授人以鱼不如授人以渔"，最终使企业形成自己的人才培养机制。

(五)创新文化创意产品的盈利模式

创新盈利模式对于文化创意产业的持续发展起到了核心作用，传统的盈利模式主要依赖广告收入和点击率，但这种方式往往限制了产业的进一步发展。在互联网时代，我们需要运用互联网思维来探索新的消费模式，降低成本，提高盈利能力，推动可持续发展。文化创意产业作为一个高度复杂的生态系统，需要多方面的合作和创新的商业模式来支持其持续发展，传统的盈利模式过于单一，无法满足产业的多样化需求。通过运用互联网思维，我们可以更好地理解消费者的需求和行为，开发出更符合市场趋势的产品和服务。同时，我们还可以通过互联网平台降低营销成本，提高品牌知名度，拓展更广阔的市场空间。

(六)加强对文化创意产品的监督审查

加强对文化创意产品的审查监管至关重要。我们必须确保其内容积极向上，符合社会道德和法律标准，任何低俗、不良内容的传播都应坚决杜绝。对此，我们必须依法惩处违法制作者和传播者，以示警诫，确保文化产业的健康发展。我们不能让有害的内容污染了社会风气，损害了公众的利益。因此，我们要从源头上把关，提高文化创意产品的质量和品位，推动文化产业向健康、积极的方向发展。这样，我们才能为社会创造更多的价值，为人们提供更多有意义的文化产品。

（七）发挥好媒体的引导宣传作用

技术的发展和企业的创新只有与市场需求紧密联系起来，才能转化为现实的消费力，因此，应该发挥好媒体的宣传引导作用，提升消费者对文化产品的消费热情，刺激需求。

第一，对新技术进行宣传科普，帮助消费者熟悉并购买。移动互联网技术作为新科技的代表，与一定的消费人群存在距离，如农村消费者以及老年消费者，他们对新技术的畏难情绪在一定程度上阻碍了他们对移动产品的消费，因此，文化企业应该发挥自身宣传推广的优势，利用社会媒体起到宣传科普的作用，对新的互联网文化产品进行便民宣传，对其操作和功能以易于理解的方式进行大范围宣传推广，提升消费者对新的互联网文化产品的熟悉度，帮助他们作出消费决策。

第二，引导转变生活方式，刺激移动文化产品的消费需求。显然，仅靠社会自身的消费方式转变速度，对推进整个社会的生活方式智能化、移动化进程来说还不够，故社会媒体应该承担起宣传引导的作用，对新型的、智能化的、便捷的移动休闲方式进行普及和宣传，提高消费者对移动文化产品的熟知度和关注度，引导消费者转变生活方式和消费结构，从而进一步刺激移动文化产品的消费需求。

第三，普及知识产权保护理念，保障内容产业的健康发展。尽管国家已经出台了一系列知识产权保护的法律法规，但盗版行为仍然屡禁不止，尤其是随着互联网和移动互联网的逐渐普及，传播渠道的多样化为网络盗版和侵权行为提供了更多的空间，这直接损害了内容产业的健康发展，因此提高公民的知识产权保护理念刻不容缓。业界利用社会媒体的道德教化力量在全社会进行舆论引导，配合国家法律的强制规范，在国民心中树立知识产权保护的观念，自觉抵制盗版和侵权行为，切断违法利益链，保障内容产业的可持续发展。

第三节 新媒体艺术与文化创意产业的融合互动

一、新媒体艺术概述

新媒体艺术始于20世纪60年代的欧美，它以其独特的方式展示了艺术作品的魅力。这种艺术不仅利用了新媒体技术，更是融合了各种现代科技手段，如电子计算机艺术等。新媒体艺术的领域广泛，除了包括所有传统媒介之外的艺术形式，它还可以是任何我们想象得到的艺术形式。新媒体艺术不仅是艺术的革新，更是现代科技的完美体现，它将艺术与科技相结合，打破了传统艺术的界限，为我们带来了全新的艺术体验。这种艺术的创新性和前瞻性，使得它越来越受到人们的关注和欢迎。新媒体艺术的形式多样，可以是数字图像、网络艺术、交互艺术，甚至是虚拟现实艺术等。这些艺术形式充分利用了现代科技的优势，为我们带来了丰富的艺术感受。

二、新媒体艺术赋予文化创意产业的新特性

（一）数字性

在新媒体渐渐渗入文化创意产业各个环节的过程中，文化创意产业就被烙上了数字化的印记。传统文化产业也开始向数字化方向发展，数字内容产业以创新为动力，结合文化资源的最新数字技术，以一种新的生产方式和消费模式催生了一个新的产业群，创造了显著的经济和社会效益，如手绘艺术作品可经过数字化处理后复现在显示器上。

文化产品不再仅仅以报纸、书本和录像带、磁带这样的形式生产、发行。3C产品风行一时又升级换代，其发展可以说是日新月异，这为数字杂志、数字报纸、数字电影、电子书的发行提供了赖以生存的土壤，多媒体带来的眼、耳、手同时参与的体验模式，以及不断成熟的新媒体技术又灌溉了这块土壤。在会展行业，新媒体突破了传统的展览展示方式的局限，使有限珍贵文物资源数字化，世博会上"会动的清明上河图"就是文化数字化的生动展现。同时在展览方式上，上海

美术馆、国家博物馆、北京天文馆都开设了网上观展的形式，用户在互联网上就可以实现360°全景观看，同时还可进行一定程度的互动体验。

（二）交互性

当我们拿起手机看视频、阅读新闻时，当我们完成邮箱、购物网站的会员注册时，或者当我们在网络上发表自己的观点时，又或者当我们玩游戏与其他玩家交流时，不知不觉我们已经完成了某种意义上的人机交互，这种特别的交流方式是新媒体赋予文化产业的一个特性——交互性。

文化产业中新媒体的交互特性体现在两大方面：以空间中墙面、地面为代表的实体环境内的互动和以窗口界面为主的虚拟环境下的互动。不得不说自计算机诞生以来，键盘、鼠标在过去近半个世纪内成了人类与计算机沟通时的最主要和最常见的介质或者说是工具。然而，当语音识别、光学字符等识别技术迅猛发展并且能达到有效交互的目的时，人们就能够摆脱键盘、鼠标，因为只需在触控屏上用手指点一点、划一划、写一写，或对着机器说几句话让它为我们做点什么，甚至只需在几个摄像头前做个表情或者手势，就能达到互动的效果。然而，这些仅仅是停留在技术和表达手段上的革新，并没有实现和发挥交互过程中客体的意义和价值。互动性是指在信息传播的过程中，客体与主体发生同步交流。

因此，交互性的内容本身就是一个需要设计的审美互动，艺术家的理念通过交互体验去传递、表达和完善，这就需要将审美接受客体的价值纳入其中，预留出审美意义的空白。虚拟环境交互设计在当今数字时代越来越受到重视，它不仅仅关乎技术的运用，更多地是要为用户创造有意义的体验。然而，吸引用户的积极参与并非易事，为了解决这一挑战，有一家网站独辟蹊径，采取了一种创新方法。该网站将产品巧妙地融入日常生活场景中，并把场景生动地展示出来，用户只需轻轻滑动图片，那原本静态的网页就会瞬间变身，成为动态的生活场景。这种创新方法无疑超越了传统的交互设计理念，它开启了新媒体时代的新篇章，让消费者在轻松愉快的互动体验中，深入了解产品信息。这种全新的体验方式，不仅让用户乐在其中，也为产品的推广和传播开辟了新的道路。

三、新媒体艺术与文化创意产业融合互动的必要性

（一）推动文化产业转型升级的必然举措

我国正大力强调文化创意产业的重要性，通过新媒体艺术的融合与互动，我们努力将技术、文化和艺术三者有机结合。这样的结合不仅能深度挖掘我国文化产业的潜力，还可以为产业的转型升级注入全新的活力，进一步拓展其发展空间。我们坚信，通过这样的方式与策略，我国的文化创意产业一定能够在国际上取得更大的影响力，展现出中华文化的独特魅力，同时为国家的经济发展贡献更多力量。

（二）助力文化强国战略实施的内在要求

文化产业作为国家文化传播的重要载体，不仅在推动经济增长方面发挥着关键作用，更在传承和发扬国家文化、历史和价值观方面扮演着重要角色。随着全球化的不断深入，文化产业在国际舞台上的地位日益提升。为进一步提升我国文化产业在国际舞台上的竞争力，我们应当积极创新升级，利用新媒体艺术等新兴领域，打造具有中国特色的文化产品。这不仅能促进艺术经济和美学经济的发展，更能为我国经济的持续发展注入新的活力。通过这种方式，我们可以更好地传播我国的文化和价值观，增强国家的软实力，我们应该加大对文化产业的投入，鼓励创新和升级，以适应时代的需求。

四、新媒体艺术与文化创意产业融合互动的表现

（一）融合互动之"文化产品"

新媒体艺术与科技的深度融合，为艺术创作带来了重大进步，并深刻影响了文化创意产业链中的地位、题材、途径和过程的变化。借助于先进的技术手段，新媒体艺术得以打破时空的限制，使艺术家们能够更好地跨越地域和国界的束缚，将作品传播到更广阔的领域。这一进步不仅推动了文化创意产业的快速发展，更实现了技术与艺术的完美融合。这种融合为文化产品注入了新的生命力，使得这些作品在表现力和吸引力上都有了显著提升。同时，文化会展产业在新媒体艺术的影响下，也发生了翻天覆地的变化，在新的技术手段助力下，文化会展产业的产品展示变得更加动态化，不再是静态的展示，而是具有了互动性和动态性。观

众不再仅仅是观赏者，还可以参与到创作中来，亲身感受艺术的魅力。此外，数字化和网络化手段的应用，也让作品展示和传播变得更加广泛、效率更高。无论是从艺术创作的角度看，还是从文化创意产业发展的角度看，新媒体艺术与科技的深度融合都给我们的生活带来了巨大的改变和进步。

（二）融合互动之"文化服务"

文化创意产业在当今社会中扮演着越来越重要的角色，它不仅推动了文化服务的发展，更在提升整体社会文化素养和艺术鉴赏能力上起到了关键作用。这一产业的重要性不仅在于其经济价值，更在于它对于传统文化的继承和传承，以及对于区域经济繁荣发展的贡献。尤其是在新媒体艺术兴起之后，文化创意产业被赋予了新的生命。科技手段的运用让文化、艺术与科技的结合成为可能，这不仅增强了文化服务的体验性，更让艺术的交互性和真实性得以展现。这种全新的文化体验方式为公众带来了前所未有的审美享受，也让文化创意产业的发展迎来了新的机遇。以广西桂林的《印象·刘三姐》为例，这一大型实景演出利用先进的技术，将当地丰富的民族文化与艺术完美结合，为观众呈现出一场极具震撼力的视觉盛宴。这不仅让更多的人了解并喜爱上了桂林的民族文化，更为当地经济发展注入了新的活力。

（三）融合互动之"智能产权"

文化创意产业链的繁荣离不开知识产权的保护。知识产权不仅保障了艺术家的独特创作和权益，更是推动产业持续、健康发展的重要支撑。在新媒体艺术的崛起中，我们需要一个更健康有序的环境，以及强大的知识产权保护体系。这不仅符合社会精神文明建设的目标，还能满足公众对于高质量艺术作品的情感需求。艺术，归根结底是来源于生活的，它理应回归生活、服务生活，而不是单纯地追求商业价值和新奇。因此，保护知识产权就是保护艺术的原创性和创新性，确保文化创意产业能够持续为我们的生活带来丰富多彩的艺术体验。

（四）新媒体艺术与文化创意产业融合互动的意义

1. 振兴文化创意产业，提升文化创意产品的附加值

第一，新媒体艺术的特点是自由性、开放性、复制性以及低成本性。它可以

以不同受众的爱好和心理需求为基础进行文化创意设计。这种文化创意设计在知识产权保护的基础上，可以非常好地解决传统文化创意产业风险大、成本高的问题，并运用高科技来实现对于文化创意产品的使用。

第二，新媒体艺术中的数字化保存和虚拟现实功能，可以很好地保护物质文化遗产与非物质文化遗产，最终保证中华民族的文化能够不断地传承下去。

第三，新媒体艺术能够提升艺术品的价值，可以将产品中的价值转化到新媒体艺术所产生的更高价值中，提升产品的附加价值，最终对经济的发展产生推动作用。

2. 实现对文化创意产业美学经济和体验的应用

在文化创意产业中，要想实现"体验经济"就要采用新媒体艺术为载体。"体验经济"是在农业经济、工业经济、服务业经济之后出现的又一种经济形式。体验是指企业将服务作为产品，将商品作为工具，将消费者作为中心，为消费者创造良好的消费体验。我们都知道，对于消费者而言，商品和服务是一种外在形式，而自己的体验是一种非常主观的存在，这种存在是一种内在形式，是受到每个人的情感、思想、身体感受所影响的。因此，世界上不会出现个人体验完全一样的情况，这是由于体验是个人的感觉，具有独特性。

五、新媒体背景下文化创意产业的发展路径

（一）新媒体背景下文化创意产业的发展

时至今日，人类已经进入信息时代，在这个时代中文化创意产业的发展呈现出强烈的外扩趋势。通常情况下，文化创意产业主要是发掘、整合、应用文化资源，再经过设计师的创新思维将创造性与产品进行组合，创造出经济价值。文化创意思维涵盖的行业范围十分广泛，如出版、广告、设计、影视、音乐、策划、艺术等行业。与传统的工业、农业、服务业相比，文化创意产业具备高科技性、独特性、辐射性以及高附加价值。

1. 新媒体背景下文化创意产业发展的机遇

新媒体在互联网技术的推动下，为文化创意产业带来了空前的发展机会。新媒体以其广泛的传播方式，使文化创意产业得到了更加广阔的发展空间。与传统

媒体相比，新媒体具有更高的互动性、更广泛的传播范围和更快的传播速度，这些优势使得新媒体成为文化创意产业的重要推动力量。新媒体的主要类型包括博客、即时通信工具和流媒体等。博客作为一种自我表达和交流的平台，为文化创意产业提供了更多的传播渠道和受众。即时通信工具如微信、QQ等，使人们可以更加便捷地进行交流和分享，从而促进了文化创意产业的传播和发展。流媒体作为一种音视频播放平台，为文化创意产业提供了更多的展示空间和商业机会。未来，随着新媒体的不断发展，文化创意产业将在人们的生活中发挥更加重要的作用。人们可以通过新媒体平台欣赏电影、音乐、戏剧等文化产品，同时也可以参与到文化创意产业的生产和传播过程中，更好地促进文化创意产业。

2. 新媒体背景下文化创意产业发展的对策

在新媒体时代，我们不能仅依赖传统的文化传播方式，还要提升文化创意的自主性和自信心。通过深度挖掘中华民族的文化内涵和精神，以创新的方式将我们的文化元素展现给世界。实施"走出去、请进来"的文化战略，不仅可以增强我们的国际竞争力，更能让世界感受到中国文化的独特魅力。

同时，我们也要关注文化创意产品出口长期超过服务导致的"逆差"现象，这种现象背后可能隐藏着我国文化产业发展中的一些深层次问题。为了改变这一现状，我们需要深入研究并推动我国"走出去"战略的发展。通过提高我国文化产品的质量和服务水平，让更多中国元素走向世界舞台，在这个过程中，政府、企业和个人都需要发挥自己的作用。政府可以提供更多的政策支持和资金投入，帮助文化产业提升自主创新能力。企业则需要加大研发和营销力度，打造具有国际影响力的文化品牌。个人则需要积极参与到文化创意产业中，通过自己的努力和创意为文创做贡献。

（1）中国文化创意产品"走出去"的价值链转移

随着全球化进程的加速，国际文化贸易已经从简单的商品交易扩展到服务贸易、投资贸易、技术贸易、合作研发、信息共享等多个领域。为了更好地"走出去"，我国需要整合多元文化资源，引领全球主流文化，构建自己的全球价值链。新媒体的崛起为我国文化创意产品的开发提供了新的机遇，使得文化传播更加便捷、快速、高效，在新媒体的推动下，我国文化创意产品可以更好地融入国际市场，拓展海外市场。通过利用新媒体平台，我国文化创意产品可以与国际受众建立更紧密的联系，了解他们的需求和喜好，从而更好地调整产品定位和内容创作。同时，新媒体的互动性也为我国文化创意产品提供了更多与国际受众互动的机会，从而增强产品的吸引力和影响力。

我国的新媒体在飞速发展的过程中，也推动着市场经济结构的改变。渗透在大众生活中的每个角落，对大众的生活方式产生着潜移默化的影响，从最开始的信息获取和娱乐需求的个性化应用，发展成为在各个领域都需要的重要元素。因此，文化创意产业的体制改革也进入一个关键的时期，依靠传统的方式已经很难对经济增长产生质的改变，所以新媒体的发展进步是我国能够在国际市场中保持核心竞争力的关键所在。

（2）中国文化创意产品"走出去"的全球价值链策略

文化创意产品是无法只在某一个地区或者在某一个生产环节上直接取得效果的，这需要企业在多个国家或者地区进行二次创意和二次加工，创造出一个以消费者为动力的创意体系。

新媒体的兴起带来了一个以数据为动力的全新生产模式，这使得文化创意体系展现出了前所未有的多元化形态。在传统的生产模式中，创意灵感往往需要经过一段时间的沉淀和转化，才能最终成为一款产品。企业会对这款产品进行开发、包装，并通过各种营销手段将其传播给社会和大众。但随着大数据技术的不断发展，这一流程已经发生了根本性的改变，现在，通过大数据技术，我们能够更加深入地洞察受众的需求和喜好，从而为他们提供更加个性化的服务。这种服务不再仅仅是简单的信息推送，而是深入到受众的潜意识世界，通过及时分析、挖掘大数据，来挖掘出各种有价值的信息和文化创意点子。这些创意点子又可以迅速地被转化为各种文化创意产品，产品的受众不再仅仅是被动接受者，而是成为整个大数据系统的驱动力。他们通过与系统进行互动，不断产生各种数据，这些数据又被系统及时分析并用于下一次的服务推送。这样，整个大数据系统就可以不断地进行自我更新和优化，从而保持其活力和竞争力。同时，这种大数据驱动的生产模式还可以将文化创意产业与全球价值链紧密相连，构建一个全球性的价值网络。在这个网络中，各种文化创意资源可以更加自由地流动和共享，从而推动整个行业的繁荣和发展。

建构价值链战略环节，逐步实现大数据运营与管理。文化创意产品的生产模式已经发生了变化，由"需要—实体—价值"变成了"意义—价值—实体"，创意流所发生的变化与不同的环境和不同的环节有直接关系，从而增加了价值链的价值。价值链的增值发生在哪个环节，主要是受到企业的产品和创意能力的影响。全球价值链现在已经将重点放在服务上的环节，如国际商业机器公司（IBM）将产业转型成为网络服务业，谷歌公司也是靠数据服务取得如今的成绩的，阿里巴巴集团也是一个为受众提供综合性服务的平台。

无论是文化创意产品还是文化服务，在"互联网+"的背景下都会发生市场供需关系的转变。传统的市场资源配置是依靠市场的价值规律进行的，如果涉及具体的资源流动就无法精准地显示出来，但是在"互联网+"背景下，依靠大数据的分析与演算，能对市场中的个性供需的关系、宏观发展的趋势进行计算，因此，如何进行数据分析，通过技术手段低成本地实现信息和个性化定制需求的智能化匹配，是文化创意企业市场战略的重要构成部分。

在互联网技术迅速发展的今天，新媒体产业正在以前所未有的速度推动着社会的进步，其中，"互联网+实践"是促进文化创意产业快速崛起的重中之重。为何如此强调这个概念？因为这是引领新时代文化产业发展的核心动力。当我们提及"互联网+"，它并不仅仅意味着将传统的文化创意产业与互联网进行简单相加，它更是一种深度的融合和再创造。这种融合需要我们借助新媒体的力量，推动文化创意产业链与其他产业的交叉融合，比如技术、金融、教育等。这样，我们便能够打造更加多元化、富有活力的产业生态，因此，文化创意产业与互联网企业的合作显得尤为重要。这些企业拥有先进的理念、技术、人才和经验，这都是我们所需要的。通过与它们进行合作，我们可以学习到很多关于创意设计定位、受众人群定位、市场营销传播等方面的成功经验，使我们的文化创意产业更具竞争力。

我们还要善于利用互联网强大的功能来优化存在的问题，在这个大数据时代，数据的力量不可估量。通过大数据分析，我们可以精准地了解市场和受众的需求变化，从而进行精准的决策和布局。这样，我们的文化创意产业就能够更好地适应市场的变化，赢得更多的市场份额。文化创意产业的发展离不开人才的支持，因此，加大人才培养力度也是推动产业发展的关键所在。我们可以通过教育、培训、实践等方式，培养出一批既懂文化又懂市场的复合型人才，为产业的可持续发展提供坚实的保障。

(二)新媒体形式在文化创意产品中的应用方法

1. 产品媒体化概念方法

产品媒体化是一种旨在增强产品传播和互动能力的策略。通过个性化的产品设计、情感化的元素融入以及故事化的呈现方式，它可以吸引消费者的关注。借助社交媒体平台，产品可以精准地推广到目标受众，实现与消费者的互动和交流。这一策略不仅拉近了品牌与消费者的距离，还提高了产品的市场竞争力。在当今信息爆炸的时代，产品媒体化使得产品更具吸引力，更容易触动消费者的心弦。通过这种方式，企业可以更好地展示产品的价值，提升品牌形象，进而促进销售。

2. 媒体产品化概念方法

媒体产品化视角为我们提供了一个全新的框架，并重新定义了媒体与产品的关系。在这个视角下，媒体不再仅仅是传递信息的工具，而是成为一种可开发、可定制的产品。其中的关键在于以受众需求为导向，深入了解目标群体的喜好和需求，从而开发出更符合他们期待的产品。此外，这种视角还强调了产品的可持续性，即不仅要注重产品的短期效益，还要考虑其长期影响和持续价值。文化创意产品是以创意为核心的新时代产物，它们有别于传统的文化用品和纪念品，更注重个性和差异化的表达。借助新媒体的广泛传播，这些产品得以被更多人了解和接受，从而推动了销售的发展。同时，新媒体的互动性也为文化创意产品的改进和升级提供了反馈和指导，使产品能够更好地满足市场需求。

3. 新媒体形式与文化创意产品的融合方法

随着社会的发展，人们已经进入了工业社会的后期，工业化发展已经十分成熟，如今的产品生产基本上是批量的机器制造。工业化的产品制造方式在为人们带来高效率与便利的同时，也让人们失去了手工制作器物的乐趣与情怀。如今，人们的物质生活已经得到了极大满足，开始追求自己动手制作器物，纯手工制作成为许多行业所追求的热点。就像乐高积木，正是因为需要人们动手一点点地进行搭建，才会受到全世界人们的喜爱。另外，逐渐流行起来的宜家家居也是这个道理，宜家家居中的大多产品需要消费者自己进行安装才能够成为成品。人们动手制作出来的器物能够使自己的心得到极大满足，因此现在越来越多的消费者选择自己动手制作（DIY）式的产品，这也是含有 DIY 元素的文化创意产品越来越受到欢迎的原因。企业在文化创意产品之中不仅可以加入让消费者亲自动手的元素，还可以加入一些增加难度和乐趣的新媒体元素，这样使文化创意产品带入新媒体形式与玩法，可以极大地提升文化创意产品的体验感。

（三）新媒体背景下文化创意产品的传播——以故宫博物院文化创意产品为例

1. 故宫博物院文化创意产品在新媒体时代的传播

在如今这个新媒体兴起的时代，无论是微博、微信还是电子商务平台等传播形式都在市场之中不断涌现。当消费者想要购物、查询信息、发布信息、相互交流时可以直接通过互联网进行，以互联网为依托的一个庞大数字生活空间便形成了。在这个空间之中，企业的任何销售活动和营销行为都可以直接呈现在消费者的眼前，每个消费者都可以将自己对企业和产品的想法发布出来，营销传播的形式也变成了如今火热的"直播"形式。企业要想在其中脱颖而出就需要自己的产品具有足够的创意去吸引消费者的注意力。信息爆炸的时代特点不仅迫使企业必须随时处理海量的信息，还要求企业在第一时间就发现产品或自身存在的缺陷和危机并及时进行处理，与此同时企业还要注意发掘潜在的机会，传播企业和产品的实时动态，所以，企业的传播已经成为一项必备的日常工作。面对如此海量的数据和传播工作，企业应给予传播工作战略级别的重视，将传播工作提高到传播管理的层面上来，对已经存在的管理架构进行改良，将传播部门独立出来进行运营。

（1）故宫博物院文化创意产品的传播内容

文化创意产品简单而言就是对文化进行再创造和再加工，将设计师想要表达的文化元素或是历史元素以器物的形式呈现出来。北京故宫博物院的文化创意产品之所以会风靡，其根本原因就在于故宫博物院所开发的产品具备优秀的创意可以将消费者的注意力吸引过来。通过上述优势，可以充分发挥出故宫博物院在文化产品创意发展中的优势。故宫的文化产品主要分为两类，一类是实体文化创意产品，另一类是虚拟文化创意产品。究其根本，故宫文化产品的最主要因素是创意。

①实体文化创意产品

实体文化创意产品是指实际存在的文化创意产品，比如馆藏的历史文化产品。

除此之外，还有经过人们加工或多次创造形成的实体文化产品，比如让某种一般的东西富有寓意或者是根据故宫文化创造出来的卡通形象。

②虚拟文化创意产品

故宫博物院的虚拟文化产品的创造目的主要是增加故宫的文化影响，帮助人们在头脑中形成某种特殊信息对故宫产生联想，形成代表性标志，成功打造故宫IP。这类虚拟文化产品拥有高传播性与高记忆性。比如生命化故宫、将故宫文化与其他文化结合、将故宫文化与人们日常生活相结合等。

（2）故宫博物院文化创意产品的传播方式

故宫博物院不仅是一个充满历史底蕴的博物馆，也是一个积极利用现代科技手段推广中华文化的先锋。通过微博和微信等社交媒体平台，故宫博物院不仅向广大网友传递了文化的温度，还积极推广各种文化创意产品。其中，故宫博物院还有官方微博，每天都会更新和展示各种与故宫文化相关的创意产品。同时，故宫博物院还通过微信公众号实现了文化传播和产品营销的一体化，再结合故宫的官方淘宝店，让更多的消费者可以在第一时间了解和购买这些独特产品。（图4-3-1、图4-3-2）。

图4-3-1　故宫淘宝店铺

第五章 新时代文化创意产业的发展

图 4-3-2 "故宫淘宝"微博号

2. 新媒体时代故宫博物院文化创意产品的传播策略

（1）原生化内容营销的概念

原生化内容营销是一种创新性的广告策略，它打破了传统广告中的生硬和突兀，巧妙地将广告信息与网页或应用程序的内容融为一体。这种策略以一种更自然、更贴近用户的方式，将企业信息、品牌形象潜移默化地传达给受众，避免了硬性推销的尴尬。它让广告不再是只让人厌烦的打扰，而是有价值、有趣、引人入胜的内容，从而有效增强了品牌影响力，提高了用户的黏性。

（2）故宫文化创意产品原生化内容营销的运用

原生化内容营销正是北京故宫博物院的文化创意产品在进行市场营销传播时使用的传播策略。第一，我们在对"微故宫""故宫淘宝"微信公众号以及"故宫淘宝"官方微博进行统计和分析之后可以发现，故宫博物院的文化创意产品在进行营销传播时使用的文字和图片都偏向于幽默、软萌这类十分受年轻人喜爱的

153

语言形式。这类语言形式充满了轻松，整体通俗易懂，趣味十足，并且"故宫淘宝"在推送长文时往往能够实现让"广告看起来不是广告"的效果。第二，新媒体时代的营销传播核心就是"受众为王"，在这一点上，故宫博物院在开发文化创意产品时向来都很重视。从产品的创意设计到文化创意产品的市场营销传播，故宫博物院在此过程中将受众的参与度和价值始终放在很高的优先级上。

3. 故宫博物院新媒体营销传播效果

故宫博物院实施了一系列新媒体营销活动，利用产品评估与销售数据精准把握了市场动态与消费者偏好。通过微博等社交媒体平台，该机构不仅有效推广了产品，还引发了广大网友的热议与讨论，从而进一步扩大了产品的知名度与影响力。这一策略不仅让更多人得以领略故宫博物院文物的独特魅力，还成功提升了该机构品牌形象的知名度，这一成功营销案例展示了故宫博物院在新媒体时代的敏锐洞察力与创新精神。

（1）"故宫淘宝"微博话题互动的用户反馈

微博的出现和风靡使大众进入了个人入口的时代。每个自由的个体都能够以独立的实体信息突显出自己的身份，并且每个人都可以通过感兴趣的内容找到一个适合自己的社交群体。并且，微博用户的身份是多元化的，他们不仅是信息的接收者，还是信息的发起者和传播者，有些甚至是媒介文化的生产者。微博用户能够在微博上发表自己的真实感受和对产品的评价，因此，微博用户对文化创意产品的评价、感受、关注进行监测，能够很好地反映出企业的新媒体传播效果。故宫博物院的微博——"故宫淘宝"，开启了用户的评论功能，这能使其时刻关注用户对文化创意产品的设计、质量、功能、审美等方面的感受和评价。这既能够帮助企业更好地接收到用户的感受和反馈，加快对产品的更新和调整传播内容，还能够帮助企业更好地了解用户的需求，对用户及时提供服务，提升用户对企业和产业的好感度。

（2）"故宫淘宝"旗舰店用户购买数据中的行为倾向

文化创意产品营销传播成功的标志就是将受众的关注转化为购买行为。故宫博物院的文化创意产品在其创建的淘宝网店——"故宫淘宝"中进行销售，因此淘宝网店的数据能真实地体现出故宫博物院文化创意产品的市场营销传播效果，并且这些数据还能反映出用户的部分行为倾向。故宫文化创意产品的总销售额每年都相当高,这对于文化创意产品而言无疑是一个销售奇迹,这也表明了故宫博物院在新媒体时期的营销传播策略是成功的。

第四节 新媒体时代文化创意产业的媒介营销趋势

一、媒介及其相关概念

(一)媒介的内涵

人们的生活离不开媒介。媒介,如同一位无私的中间人,倾听着每一个角落里的故事,理解并传递着每一个群体的声音。它以各种形式存在,无论是用于控制自然的工具,还是用于人际交往的工具,都深深地影响着我们的生活。加拿大传播学者麦克卢汉曾经提出一个具有启发性的观点:媒介是人的延伸。这一理论让我们重新审视媒介与人的关系。文字,作为语言的视觉延伸,让我们在交流时不再受语言的局限,而可以通过视觉进行补充。同样地,棍棒也可以延伸人体的攻击功能。在战争或冲突中,棍棒成为力量的象征,便是因为它们是人体攻击功能的延伸。通过媒介,我们可以交换信息,了解彼此,增进共识,共享文化。媒介就像一座桥梁,连接了人与人之间的鸿沟,让我们可以共同迈向一个更美好的未来。对此他还进行了以下的介绍。

"今天,人实际上已经完成了他一切身体功能的延伸。武器的演变开始于牙齿和拳头,以原子弹告终。衣服和房屋是人的生物学温度调控机制。家具使人不再以蹲的姿势席地而坐。电动工具、玻璃杯、电视、电话和书籍是实体延伸的例子。书籍能使人的声音跨越时空,货币是延伸和储备劳动的方式。运输系统现在做的是过去用腿脚完成的事情。实际上,一切人造的东西都可以当做过去用身体或身体的一部分所行使的功能的延伸。"[1]

这段话清楚地表明,麦克卢汉对媒介的理解是哲学上的,和马克思的"工具"及人类学家怀特的"符号"概念有异曲同工之妙。美国人类学家怀特、德国哲学

---

[1] 吴燚. 文化创意产品设计与创意产业发展研究[M]. 北京:北京工业大学出版社,2021:118.

家卡西尔等人把媒介称为符号，怀特认为："全部人类行为起源于符号的使用，正是符号才使得我们的类人猿祖先演变为人，并使他们成为人类。"[①]所以，符号文化学派把汽车、飞机、衣服、食品、房屋、文字、书籍等一切人之外的非生命、具有实在形体的人造物，都视为人类的文化符号，而且认为符号活动是人独有的生存方式，人通过符号活动，达到控制自然、维持生存和繁衍后代的目的。

在怀特看来，一切符号的产生及其功能发挥都基于技术进步，技术进步具有决定性作用，他认为："技术力量因而是文化系统整体的决定力量。它决定社会系统的形态，并与社会系统一起决定着哲学的内涵和取向。这当然不是说，社会系统不能制约技术的运转，或者社会和技术系统不受哲学的影响。情况正好相反。然而，制约是一回事，决定却完全是另一回事。现在，我们已经拥有了理解文化成长与发展的钥匙——技术。在文化系统中，至关重要的是对能量必须加以引导、利用和控制。这当然是由技术手段，由这种那种的工具来完成的。"[②]

马克思在研究中深入剖析了媒介的本质，他指出媒介是一种工具，强调人类通过使用这种工具来控制自然。在人类历史长河中，摩擦起火和钻木所用的木棒都被视为媒介的早期形态。这些媒介帮助人类从自然界获取资源、保护自身，甚至改变自然环境。然而，除了控制自然之外，人类的活动中还有另一个重要的方面，那就是交往。人际交往需要媒介实现，这种媒介便是文字。文字的出现，打破了时空的限制，使人们可以相互传递信息，分享知识，达成共同意见。

在传播学中，这些用于信息传播和人际交往的工具被称为媒介。这些媒介使得信息的传递能够畅通无阻，不受地理、文化等因素的影响，实现信息的共享。无论是口口相传的传统方式，还是现代的互联网技术，都是实现信息传递的重要工具。此外，媒介不仅在信息传播方面起着关键作用，它们还在塑造我们的社会关系、文化和价值观方面具有重要影响。通过媒介，我们能够了解他人的思想、观念和生活方式，也能够表达自己的观点和情感。因此，媒介在构建社会共识、促进文化交流和推动社会进步方面具有不可替代的作用。

（二）文化创意产业中的媒介功能

文化创意产业与媒介之间存在着紧密联系。媒介为文化创意产业提供了不可

---

① 安燕.影视视听语言[M].重庆：重庆大学出版社,2011:87.
② 吴籽.文化创意产品设计与创意产业发展研究[M].北京：北京工业大学出版社,2021:119.

或缺的市场空间，使创意产品和服务能够被更多人了解和接受。媒介通过其多样化的内容展示，为文化创意产业提供了丰富的素材和灵感，激发了创作者的创作热情。同时，媒介的快速发展和广泛传播也为文化创意产业提供了创新升级的路径，使产业能够紧跟时代潮流，不断推陈出新。媒介为文化创意产业注入了新的活力，推动了产业的发展，使文化创意产业在当今社会中扮演着越来越重要的角色。因此，我们应该充分认识到媒介在文化创意产业发展中的重要性，为其提供更多的支持和帮助，共同推动文化创意产业的繁荣发展。

1. 折射功能

媒介反映消费者的需求，市场据此创新产品。网络表达消费欲望，文化创意产品消费是精神消费，共鸣的产品才能赢得消费者。在竞争激烈的市场中，企业需要关注消费者的需求和欲望，通过创新和改进产品来满足消费者的需求。企业也需要关注消费者的精神需求，通过文化创意产品的消费来满足消费者的精神需求。只有那些能够引起消费者共鸣的产品才能在市场上脱颖而出，赢得消费者的心。

2. 指向功能

媒介在当今社会中扮演着举足轻重的角色，其导向功能对文化创意产业的发展起到了至关重要的作用。通过导向功能，媒介积极引导受众，指导消费者选择文化创意产品，同时也指导文化创意产品如何将自己推销给市场。

作为社会的窗口和指南，媒介对于受众的消费选择有着极大影响。在文化创意产品的推广和销售中，媒介的宣传和介绍成为不可或缺的一环。通过媒介的指引，创意产品能够迅速打开市场，获得消费者的认可和喜爱。媒介在使文化创意产品被消费者接受方面也发挥了重要作用。对于许多电影、音乐、书籍等文化创意产品，媒介的推荐和评论往往能够决定其在市场上的命运。

媒介通过向消费者传递产品信息，提高了消费者对产品的认知度和兴趣，从而推动文化创意产品的销售。媒介还指引着文化创意产品如何向受众推销自己，在市场竞争日益激烈的情况下，如何将产品有效地推销给消费者成为文化创意产业面临的重要问题。媒介通过分析消费者需求和市场趋势，为文化创意产品提供了针对性的推广策略，使产品能够更好地满足市场需求。通过媒介的指引，文化创意产品能够迅速进入市场并被消费者接受，同时也能够根据市场需求进行自我推销。这为文化创意产业创造了更为广阔的市场和发展空间。

3. 凝聚作用

在全球化的今天，媒介已经超越了国界，成为文化创意产业的核心力量。它不仅是一个信息传递的工具，更在不断地推动着文化的交流与融合。人们通过媒介，可以轻松地获取来自世界各地的信息，享受它提供的各种服务。无论是新闻资讯、影视娱乐，还是科技教育，媒介都以其强大的凝聚力，将资源聚集在一起，为人们的生活带来便利。

人们对媒介的依赖程度日益加深，无论是工作、学习，还是休闲、娱乐，媒介都扮演着重要的角色。它以独特的方式，将现代文化和传统文化融合在一起，使人们能够在众多的资源中自由选择，进一步凸显了媒介的凝聚力和影响力。它为我们打开了一扇窗，让我们能够了解世界各地的文化，欣赏不同的艺术形式。同时，媒介也在不断地推动着文化产业的发展，为经济带来了巨大的贡献。因此，我们应该更加重视媒介的作用，发挥其潜力，推动文化创意产业的发展。

4. 媒介自身为文化创意产业贡献效益

媒介在文化创意产业的发展过程中具有举足轻重的地位。它不仅能有效地推广和传播文化产品，还可以通过有效的运营模式创造巨大的经济效益。更为重要的是，媒介作为社会文化的传播者，能够引领社会文化的发展方向，促进国民的进步。我们必须认识到媒介的重要作用，并对其进行合理的运用和管理。媒介应更好地服务于文化创意产业，为其提供更广阔的推广平台和更丰富的传播渠道，从而推动整个产业向更高层次、更广阔领域发展。

（三）文化产业与文化产业媒介营销

一般而言，文化产业范畴的包容性较强，它和创意产业、内容产业、文化传媒业都有特定的亲缘关系。首先，文化产业是需要创意的，但创意并不是文化产业的独有特质，各个行业都需要创意的支撑。其次，文化产业本身就是内容产业，其中又以文化艺术和娱乐内容为主要的产品形态。由此可见，文化产业指代的是以创意为手段、内容为核心，以文化版权交易和艺术消费为主要形态，通过企业组织方式从事文化商品生产和服务的行业与活动的总称。

目前，有关文化产业营销的研究和理论应用主要涉及产业营销的组合策略、营销的方式以及营销模式三种类别。纵观以往对文化产业营销模式的研究内容，大都是直接把营销的组合策略或是营销的方式等同于文化产业的营销模式。这里主要对营销的三种研究类别作出以下区分。

第一，营销组合策略。杰罗姆·麦卡锡的 4P 理论，即产品（Product）、价格（Price）、渠道（Place）和推广（Promotion），是营销组合策略的核心，它们构建了营销活动的基本框架。这一理论强调，在营销过程中各个环节、各个策略之间要协同一致，以便达到最佳的营销效果。

在 4P 理论的基础上，后来有学者加入了公共关系（Public Relations）和政治权力（Political Power）两个策略，形成了 6P 理论。公共关系策略关注的是与公众的沟通和互动，以建立和维护良好的品牌形象；而政治权力策略则关注的是如何通过权力、影响力和合法性等手段，来影响和改变公众的态度和行为。然而，随着研究的深入，有学者提出了与 4P 理论相互补充和改进的营销组合策略，例如罗伯特·劳朋特的 4C 理论。4C 理论更关注消费者的需求和期望（Consumer Needs），这包括消费者的产品需求、价格需求、渠道需求和推广需求。这一理论强调企业应该从消费者的角度出发，去理解他们的需求和期望，并将其转化为具体的营销策略和行动。

爱略特·艾登伯格于 2001 年在其《4R 营销》中提出了 4R 营销理论，所谓 4R 即关联策略、反应策略、关系策略以及报酬策略。随着高新技术产业的不断发展，高新技术企业、高新技术产品与服务等不断涌现，整个世界焕然一新，距离不再是消费的障碍，世界已经成为人类的"地球村"。这种背景要求企业对其营销观念以及营销方式不断丰富，进而产生了 4V 营销理论。所谓 4V 指的是差异化策略、功能化策略、附加价值策略以及共鸣策略。

第二，营销方式。营销方式是指把商品顺利销售出去的方法。其中，营销的方法是一种营销方式的外在形式，营销理念是其核心。

目前，在市场营销理论中被广泛阐述，并在实践中得到应用的营销方式主要有 20 种，包括全球营销、绿色营销、网络营销、直复营销、数据库营销、定制营销、关系营销、合作营销、信用营销、安全营销、知识营销、全过程营销、整合营销、品牌营销、服务营销、文化营销、情感营销、直接营销、战略营销等。

营销的方式有很多，根据营销活动开展的角度进行划分，可以将营销方式分为三类：一是围绕着产品自身蕴含的主价值成分进行的营销，如差异化营销、直销以及体验营销等；二是围绕产品附加的价值开展的营销，如教育营销、文化营销、品牌营销以及情感营销等；三是进行新式渠道整合的营销方式，如整合营销、网络营销等。

第三，营销模式。企业的营销模式是其在市场中运作的关键，它涵盖了营销理念、组织和手段三个重要方面。其中，营销理念是灵魂，它指导和塑造着企业的所有营销活动。这种理念不仅影响着企业的组织和手段的选择，也决定着企业如何去定位、推广和销售其产品或服务。营销组织和营销手段也是不可忽视的部分。营销组织的结构、能力和运作方式直接影响到企业的营销效率和市场响应速度。而营销手段，如广告、公关等，则直接关系到企业的市场影响力和品牌形象。这两者相互作用、相互影响，一方面，企业的营销组织需要根据市场环境和营销策略来调整和优化，另一方面，企业的营销手段也需要根据营销组织和策略来制定和执行。

目前，营销模式主要有三种，一是消费者导向模式；二是竞争导向模式；三是关系导向模式。上述三种营销模式虽然存在很大差别，但三种营销方式之间不是处于完全孤立的状态，而是存在着许多共通之处。营销主体在选择一种营销方式时，往往要有所侧重，这样才能更全面地把握消费者、竞争者以及企业合作者之间的关系，明确自身地位，从而促进营销目标的实现。

作为企业价值观及企业文化反衬的营销模式也是不断发展和变化的。因为营销模式是为市场服务的，市场发生变化势必要求营销模式做出相应调整。营销模式在运行效果上也没有优劣之分。只要从可控性以及适应性的角度出发，并能够很好地促进企业营销实践的有效完成，便是有价值的营销模式。

文化产业涉及的范围较广，且层级较多，不同类型的文化产业在企业性质、目标市场、产品类型、服务对象以及营销理念上存在着较大的差异。因此，关于文化产业的营销模式，暂时还没有一种普适性的方式。成功的营销模式要能根据不同的营销环境、不同的运营阶段、针对不同的需要灵活性地综合运用多种营销手法，即在不同的情境下，根据侧重点的不同，选择适当的营销策略与营销方式组合并加以动态调整。

文化产业营销理念在不断演进，从最初的单纯推销产品，到如今的更重视人际关系和社会环境。这种理念关注文化与市场之间的互动关系，充分挖掘新媒体的营销功能。它不仅关注产品的特点和优势，更关注如何通过这些产品来满足人们的需求和提升他们的生活质量。

二、新媒体时代媒介营销的特征

（一）新媒体媒介营销的概念

新媒体平台营销，无疑是一个充满活力和创新的新领域。在这个时代，无数的企业、品牌和组织都试图通过微博、微信等社交媒体，与消费者进行更紧密的互动和沟通。这些平台不仅改变了我们获取信息的方式，也重新定义了企业与消费者之间的关系。通过多元化的营销手段，企业可以在这些新媒体平台上提高品牌知名度，或提升美誉度。无论是精心策划的广告，还是与消费者的实时互动，都能让品牌更加贴近消费者，了解他们的需求和喜好。同时，企业也能通过这些平台，及时获取市场动态，以便对市场变化做出快速反应。数字技术的发展，为新媒体平台营销注入了新的活力，它不仅使营销手段更加多元化，也使得营销更加精准和高效。

对于新媒体媒介营销的概念，我们可以作出界定：新媒体媒介营销就是以数字技术为基础的企业媒介传播管理。数字技术的发展创造了新的传播环境，同时也为解决媒介营销传播问题提供了新思路和新的可能性。通俗来讲，新媒体媒介营销，就是指企业利用新媒体平台进行的新型营销，即以微博、微信等新型媒体为传播渠道，将企业相关产品的信息传递给消费者的一系列营销活动。

（二）新媒体时代媒介营销的创新特征

1. 多元化、复合式的传播接触点

在新媒体时代，媒介营销需要与时俱进，积极利用多种传播平台和复合式传播媒介来适应快速发展的移动互联网技术和数字技术。这些传播接触点不仅为我们传递信息，更重要的是，它们为我们建立了消费者、产品和企业的紧密联系。通过多元化、复合式的传播方式，我们可以更快地了解受众的需求，提升媒介营销传播效果。这种传播方式可以帮助我们更好地吸引受众的注意力，激发他们的兴趣和购买欲望。同时，我们还可以通过这些传播方式创造更具吸引力的营销创意，进而提升媒介营销质量。在当今竞争激烈的市场环境中，媒介营销的质量直接关系到企业的生存和发展。因此，采用多元化的复合式传播方式，不仅可以提高媒介营销的效果，还可以为企业带来更多的商机和利润。

2. 精准化、一体化的服务方式

新媒体技术的飞速发展为企业带来了巨大机遇。在这样的背景下，企业可转型为生活服务，利用大数据技术对用户进行精准画像，以便能够提供更加个性化、精准化的产品和服务。

通过大数据技术的分析，企业可以更准确地了解消费者的兴趣、喜好以及需求，从而为他们提供更加贴心的服务。这不仅有助于提升用户满意度，还能够增加企业的销售额和市场份额。

除了提供个性化、精准化的产品和服务外，企业还可以整合线上传播和线下服务，实现媒介营销的全方位覆盖。这种线上线下的整合营销方式，使得企业能够更好地吸引目标受众，提高品牌知名度和美誉度。通过线上传播，企业可以更广泛地宣传自己的产品和服务，吸引更多的潜在客户。而线下服务则能够让消费者更好地体验产品和服务，增加他们的信任感和忠诚度。借助新媒体技术，企业可以精准定位目标受众，提供个性化、精准化的产品和服务，并整合线上传播和线下服务以提升营销效果。这些措施将有助于提高企业的竞争力，实现可持续发展。

3. 信任化、互动化的传播关系

新媒体时代给企业营销带来了全新的挑战和机遇。传统的营销方式，如电视广告、报纸广告等，已经无法满足现代消费者的需求。在新媒体时代，消费者不再是被动的信息接收者，他们更渴望参与到品牌传播的过程中，与企业进行互动和交流。借助互联网和社交媒体平台，企业可以更加便捷地与消费者进行互动，建立信任关系。通过社交媒体平台，企业可以发布各种形式的内容，如文字、图片、视频等，与消费者进行互动和交流。同时，企业还可以通过社交媒体平台收集消费者的反馈和建议，了解消费者的需求和痛点，进一步强化与消费者的信任关系。

在互联网时代，口碑传播变得至关重要。消费者不再是单纯的信息接收者，他们可以将产品的信息主动传给其他人群，形成品牌传播的循环。一个好的口碑可以为企业带来更多潜在客户，而一个差的口碑则可能毁掉企业的形象。因此，企业需要在日常经营中注重口碑管理，积极回应消费者的反馈和评价，及时处理消费者的投诉和问题，不断提升产品的质量和服务的水平。只有这样，才能在激烈的市场竞争中立于不败之地。

4. 多样化、独特化的传播内容

媒介营销的演变带来了前所未有的变革。随着科技的飞速发展，尤其是移动终端技术的进步，如今企业拥有更多的传播渠道选择，不再局限于传统的广告模式。这使得企业可以创造出更多元化、创新性的营销策略，用前所未有的方式提升用户体验。

在这个数字化时代，消费者的反馈和互动变得更为重要。因此，营销策略的关键就是传递更贴合消费者需求的信息。企业需要深入了解目标受众的兴趣、需求和行为特点，以便提供更有针对性的信息。同时，根据消费者的反馈和行为数据进行调整和完善，是提高品牌知名度、实现有效营销的关键。媒介营销的进步为企业在信息传播、关系建设和内容创新上提供了新的可能。通过巧妙的策略和创新的执行，企业可以利用移动终端技术为消费者带来更优质、个性化的体验，从而更好地吸引目标受众，提升品牌影响力。

三、文化创意产品的媒介传播

伴随着经济全球化的逐渐深入，文化创意产业的分工和合作已经非常成熟，许多国际性企业已经能进行大规模生产。特别是在目前的市场上，受众面对着琳琅满目的产品往往会陷入选择困难的境地，并且产品更新换代的速度越来越快，传播媒介的传播效率也越来越高。这就意味着企业如果想要使自己的产品在市场中占据一席之地，就需要生产出十分优秀的产品。媒介已经成为人类生活中不可缺少的一部分，它处在人们生活中的每个角落，对人们的生产、生活产生了新的影响，与此同时，媒介也是构成文化创意产业的重要组成部分。

（一）电影与媒介传播

电影是文化创意产业之中非常重要的一部分，它要求电影制作人不断进行创新，去满足市场和受众的精神需求。在电影生产和发展的过程中，媒介所产生的促进作用体现在每个环节中。随着社会的发展，现代的物质资源越来越丰富，大众对产品的选择需求变得越来越多元化，大众越来越追求个性化的艺术与审美，而电影恰恰顺应了这个时代的需求。现代科技的发展使信息技术、传播技术、自动化技术以及激光技术得到飞速的提升，也使人们将这些技术应用在各个领域之中，给现代的文化活动带来了影响，文化领域迎来了至关重要的革命浪潮。电影在诞生之初就是象征着科技进步的产品，而现代的电影更是需要高科技给予其支持才能够将电影的效果呈现出来。在这方面美国这个电影帝国已经有所验证。因此，现代中国电影的发展需要依靠中国的高科技和网络数字化技术，并将现代高科技发展作为基础，将数字化、影视化、图像化进行整合，最终实现综合性开发和营销。

广告产业的发展壮大，无疑证明了文化创意产业与媒介之间的紧密结合和相互促进。其中的代表便是分众传媒。分众传媒的成功，不仅展示了媒介对于广告传播的巨大影响力，也反映了广告产业对于新媒介的渴求和利用。这种相互依赖、相互促进的关系预示了未来广告和文化创意产业发展的广阔前景，也让我们看到了媒介和广告产业更加紧密的结合方式。企业首先想到的是将人们在电梯中的碎片时间作为人们观看广告的时间，以此来挖掘人们的潜在需求。其结果自然是大获成功，分众传媒在全国40多个城市安装了2万多块液晶广告牌，并且得到了许多投资商的支持，它们做到这步仅仅用了两年时间。分众传媒的营销策略正好迎合了一群庞大的、特殊的受众群体，并使该群体的成员不得不观看其设置的营销广告。分众传媒正是利用了特定群体所在的特殊环境条件才达到了商家想要的效果。这充分表明，在创意时代，媒介只是一种工具，如何为我们所用才是关键。忽视媒介，或者不能从媒介中挖掘出独特而新颖的内容无疑是不明智的。创意是广告的灵魂，只有两者紧密结合才能获得更好的收益。

（二）手机报纸与媒介传播

印刷媒介是古老的媒介，印刷媒介统治了全球几百年不衰。但是随着现代通信技术尤其是互联网的飞速发展，人们开始担心传统报纸将逐渐消亡。手机报纸是传统报纸与移动产业相结合的产物，是传统报纸在现代的创新物。手机报纸，现在已经在很大程度上投入了商业运营。手机报纸的发展具有创新性的意义。正

第五章　新时代文化创意产业的发展

如广播激活了唱片业，电视推动了电影业，手机媒体的出现极有可能会带来一场报业的复兴。这说明，传统媒体在文化内容形式、体制机制、传播手段方面的创新，将解放和发展文化生产力，实现文化的创新繁荣。

随着时代的进步，互联网技术和新媒体技术已经十分成熟，它们已经成为大众生活中的一部分，是现代社会中用来传播文化信息的主要载体，许多新的传播方式，如移动新媒体等传播方式已经相继出现并逐渐成为主流的传播方式与传播工具。这对于传统传播行业产生了巨大的影响，因此，在新媒体背景下，文化创意产品的传播策略、载体以及传播范围都发生了巨大变化。

（三）表达形式的融合

以往的那些平面、静止、单向的信息内容，因为互联网技术的成熟、多媒体技术的应用开始转向立体化、跨媒体、交互的形式，也正是这种转变将图像、文字、声音等元素从以往不同的表现形式转变为统一的表现形式。文化创意产品涉及的行业越来越多，以往的那些娱乐行业也包括在内，如动漫、影视、游戏等行业。互联网还能够将受众与设计者连接在一起，使他们彼此之间相互沟通，让文化创意产品的设计者能够收到受众对于图像、文字、声音等文化创意产品内容表现的真实反馈，以此确认受众的真实需求。

（四）创造主体的变化

互联网平台独有的平等性与自由性，让每个使用网络的人都能够成为内容的创造者，而出版的效率也因为自主出版系统和按需印刷等技术的日益成熟变得越来越高。在现代社会，传媒、出版、信息技术因为数字内容的融合而变得相互作用，却又彼此竞争，也因此改变了"出版主体"这一个区分行业资质的传统。此外，互联网技术的成熟还为大规模协作创造出了可能性，也彻底颠覆了以个体或团队创造为主的传统内容创造方式。

（一）文化创意产品的影视媒介传播

1. 影视文化创意产业的基本内涵

影视文创产业不仅涵盖了电影、电视剧、综艺节目等各类文艺作品的创作和推广，还涉及设计、音乐、文学、艺术等众多领域，充分展现了其跨领域的特质。

影视文创产业与其他产业有着密切的联系，形成了一个庞大而复杂的产业链，使得影视文创产业成为文化创意产业的核心和灵魂，引领着整个产业的发展潮流，为产业的持续发展和创新提供了源源不断的动力。

（1）创意

影视文化创意产业中最关键的就是创意，如果创意不足以支撑产品，那么影视文化创意产业就是无本之木。创意是一个概念，它本身具备了广泛的应用性、不确定性、多意义性以及矛盾性。在现在社会中的每个行业、每个领域之中，那些具备原创性、特殊性的理念和技能都可以被称为"创意"。

①从创意的定义来看

在英文中有两个相关词语，一是originality，意为创造力、独创性、原创、创见、创举或者奇特，强调原创的一面；二是idea，意为点子、主意、方法，既有原创也有创新。总之，一般认为，创意是人类创造性思维的产物，是一种奇妙的灵感与思维过程的结果，是人类智慧的高级体现。

②从创意的产生来看

很多创意的产生都来源于个人的突发奇想或者一瞬间的灵感，因此大多数的创意十分个人化、感性化、奇妙化，具备明显的独特性，并不适合进行大范围的推广；并且创意者受到社会、文化、政治等因素影响较大，不具备普遍性。影视文化创意的重点在于对创意的表达，如各种风格的影视剧。表达影视文化创意的关键就是要将创意者的理想、观念、灵感、情感以及人为的表达符号整合为一个具有创造性的活动，特别是电影这种将图像、声音与文字融合在一起的综合性艺术。在影视文化创意中将各个元素融合的过程是难以用语言描绘的，这与创意者的原创能力有关。

③从创意的生产来看

创意经常会被用来对那些有着显著个人风格、突然性想法或灵感的表达进行诠释，人类无意间的灵感是一瞬间的、无迹可寻的、神秘的，是一种与生俱来的天赋，因此创意是人类独有的特性。伴随着社会的发展，工业化社会已经进入后期，社会的合作与分工越来越细致，创意的个人化与神秘性受到的重视越来越少，人们已开始重视社会分工与协作的复杂性。在影视文化创意产业发展的早期，创作者与导演的创意和个人化风格起着决定性作用，但是伴随着影视文化创意产业发展的成熟，影视文化创意产业的生产方式发生了巨大改变，开始由个人生产方式变成集体智慧的集合。

（2）艺术

人类从古至今创造出了许多艺术形式，如音乐、舞蹈、文学、美术、建筑、影视等，影视文化创意产业的艺术文化、大众传媒文化在娱乐休闲文化中占据着龙头位置。在文化创意语境之下，影视文化创意产业的艺术与以下两个方面有关。

①影视文化创意的生产力问题

当涉及影视文化创意的生产力这个问题时，我们需要考虑到人的想象力和情感两方面的因素，因为任何影视文化创意产品都是以人丰富的想象力与多层次的复杂情感为基础进行创作的，但是也会有呈现出的内容并非创作者所想的遗憾，关于这点不仅与创作者的创作经验、创作方式等方面有关，还与创作者对技术的掌握和运用有关系。再深入一些，创作者的思想、情感、理念、艺术内涵和创作技能对影视文化创意的生产力有直接的影响，而这个创作者所拥有的这些元素又与社会背景和时代背景有关。

②影视文化创意产品的影响力问题

影视文化创意产品并不只是一个艺术品，对于市场和受众而言它更是消费品和娱乐品。因此，从这个层面上来说，影视文化创意产品并不是单纯的艺术品，而是应该具有广阔的影响范围、积极正确的影响力，它是一种既能够"高大上"又能够"接地气"的，融合了艺术品、消费品与娱乐产品的混合体。影视文创产品是现代社会中一种独特的文化现象，它们通过精致的设计和创作，将现实与幻想巧妙地结合起来，展现出多元文化的具象特质。这些产品融合了艺术、商业和个人元素，具有多重属性，不仅为人们提供了丰富的物质享受，也产生了深远的社会影响。影视文创产品展现了人类对世界的理解、想象和探索，它们是文化、艺术与商业之间的桥梁，也是个人与大众之间的沟通纽带。

2. 影视文化创意产品的特点和影视文化创意产业的地位

无论是从文化发展层面还是从国家发展战略层面来看，发展影视文化创意产业已作为一个重要的任务被提上日程。当前，中国的影视文化创意产业发展正经历着种种挑战，但也面临着种种机遇，包括来自体制层面、产业层面、社会层面等方面的机遇，党和国家下大力气建设国家文化软实力就是机遇之一。发展影视文化创意产业，一方面是提高国家文化软实力的必由之路；另一方面是推动我国文化创意产业大发展、大繁荣的必然要求。

（1）文化软实力及其重要性

"软实力"这一概念，突出强调了文化、价值观和意识形态等非物质因素在一个国家发展中的关键作用。它是一个国家综合实力的体现，是国家在全球化背景下，与别国竞争和博弈的重要手段。文化软实力，更是国家发展的精神支柱和思想保障，它不仅关乎一个国家的文化自信和文化自觉，更在深层次上影响着整个国家的凝聚力和创造力。它是国家提升综合实力、跻身世界强国之列的关键因素。中国在文化软实力建设方面已经取得了一定成绩，但与世界先进水平相比，仍存在一定差距。例如，中国的文化产业在世界文化市场中所占比例较低，只有4%，仅为美国的约1/10。①有数据表明，目前美欧占据世界文化市场总额的76.5%②，在亚洲与南太平洋国家19%的份额中，日本和韩国各占10%和5%③。为了进一步提升中国的文化软实力，我们需要深化文化体制改革，加强文化产业的发展，弘扬中华传统文化，加强对外文化传播等措施。只有这样，我们才能更好地展示具中国魅力的文化，提高中国的国际影响力和竞争力。

（2）影视文化创意产品的基本特点

影视文化创意属于文化创意的一部分，这体现在，这种创意生产的是影视文化创意产品，传播了一定的社会文化价值，会对整个社会的精神文化状况产生影响，因此，影视文化创意产品属于文化创意产品的范畴。影视文化创意在整个文化创意之中，又具有一定的特殊性。我们从影视文化创意与文化创意的关系探讨中，来归纳影视文化创意产品的基本特点。

我们可以从影视文化创意产品的载体，即影视文化创意产品在文化创意活动中的特殊性来考察影视文化创意产品。影视这种业态，在文化创意中具有如下几个特点。

---

① 海报设计君. 全球文化创意产业分布格局[EB/OL].(2018-05-02)[2023-03-20]. https://k.sina.cn/article3588040610_d5dd27a200100512l.html.
② 中国经济网. 国际文化秩序正旧变新[EB/OL].(2019-11-04)[2023-03-20].http://www.ce.cn//culture/gd/201911/04/t20191104_33511320.shtml.
③ 澎湃新闻·澎湃号·政务. 文化创意产业：从软经济到软实力[EB/OL].(2021-07-06)[2023-03-20]. https://www.thepaper.cn/newsDetail_forward_13462056.

①便利的复制性

影视文化创意生产的是精神性影视文化创意产品，它相较其他文化创意产品，如报纸、杂志等，更容易被复制。从复制时间的角度上讲，影视文化创意产品的复制在瞬间就能完成。随着科技的发展，尤其是数字技术的应用，影视文化创意产品的复制变得更加轻松、简单、快捷，如现在广泛使用的电影数字拷贝，摆脱了以前胶片拷贝的烦琐流程，实现了在同一时间全球不同地区的同步首映。此外，从复制空间的角度讲，影视文化创意产品复制的成本相对较低。不同于多数有形的文化创意产品，影视文化创意产品在一定程度上可被无限复制，而且不会占用太多的空间，尤其是现在云计算技术的应用，使影视文化创意产品的存储空间越来越大。

②较高的艺术性

影视文化创意产品具有视听兼备、及时鲜活等特征，对受众具有强烈的艺术感染力。影视文化创意产品的艺术性来自影视文化创意产品所塑造的艺术形象，它寄托了创作者真挚的情感、崇高的审美，蕴含了创作者对社会、生活、人生、世界的思考和体会。观众之所以对影视文化创意产品创造的世界有所感悟，甚至是感动，更有甚者感同身受，就是因为观众在影视文化创意产品的艺术世界中找到了共鸣。影视艺术作为较为年轻的艺术形式，除了具有一切艺术共有的特性之外，还具有自己独特的个性，如独特的视听综合特性、强大的艺术整合能力。其综合性可以通过一部影视作品涵盖目前人类所有的艺术形式，如一部电影，可涉及文学、美术、音乐、摄影、建筑、绘画等多种艺术形式，是名副其实的综合性艺术。

③广泛的社会影响力

影视文化创意产品是一种大众传播的文化创意产品，拥有一般文化创意产品所难以企及的受众范围及消费人群，它蕴含着强烈的文化传播力量，会对社会产生广泛的影响。一部影视文化创意产品经迅速传播，可能演变为一种文化现象，成为一个社会热点，带动一股社会潮流。

（3）影视文化创意产业在文化创意产业中处于龙头地位

关于影视文化创意产业在文化创意产业中的地位问题，我们能够在产业论方面，也就是影视文化创意产业对于整个文化创意产业的重要性方面来进行解答。

在整个文化创意产业之中，如果根据国家单位进行划分，可以分为国家统计局、广播电视总局等政府单位。文化产业是一个涵盖众多领域的庞大产业群，其中文化产业的核心层包括新闻出版、广播电视、电影制作、文艺演出等；文化产业的外层包括广告、公关、营销、文化旅游等；文化相关层面则包括文化用品、文化设备制造和销售等。在这些领域中，影视文化创意产业与文化创意产品直接关联，它涉及影视制作、发行和放映等环节，是文化产业中最具代表性的一部分。由于其与文化创意产品的紧密联系，影视文化创意产业在文化产业中占据了主导地位，成为推动文化产业发展的重要力量。

（二）文化创意产品的博物馆媒介传播

1. 博物馆文化创意产品的开发缘起及现状

（1）博物馆文化创意产品开发的缘起

博物馆文化创意产品是以博物馆资源本身所蕴含的文化历史意蕴为元素，通过创意设计开发的具文化性与创意性产品。

①博物馆自身发展的需要

现代已经进入新的历史发展阶段，在这个新时代，博物馆面对的竞争压力日益增加，这不仅仅是与其他博物馆之间的竞争压力，更多的是对经费进行争取的压力。随着博物馆数量的增加，越来越多的博物馆选择免费开放，这使博物馆一下受到大众的关注，因此博物馆也多了一份承担社会责任的压力。但是目前大多数博物馆的运营经费并不足以解决它们遇到的问题，这些问题迫使博物馆寻找新的经济来源渠道。因此，文化创意产品的设计与创作就成为解决博物馆遇到问题的有效方式，并成为促进博物馆创新发展的重要因素。

②文化创意产业发展的要求

文化创意产业发展对市场经济发展的推动作用越来越显著，各个国家对于促进文化创意产业的发展也出台了各项政策。为了推动文化创意产业的发展，许多国家对于博物馆的运营也加大了投入力度。我们发现文化创意产品的发展能够帮助博物馆文化创意产业的发展，例如，英国博物馆的文化创意产品在市场上取得成功充分说明了文化创意产业能够在保护知识产权的基础上，同时满足创造财富和提升人们的生活质量的目的。在英国博物馆的激励下，世界上许多国家、许多地区以积极的态度，争相发掘自身博物馆独特的资源，力求创造更多的经济效益，博物馆文化创意产品的开发不断受到世界各国博物馆的重视。

（2）博物馆文化创意产品开发的现状

①相对成熟的国外现状

西方发达国家的博物馆运营在20世纪70年代就已经进入社会化阶段，其文化创意产品方面已经拥有一套完整的开发体系，特别是其擅长将社会力量作用于博物馆的文化创意产品设计。此外，发达国家的博物馆一般都在内部建立正式的商店，这个商店的意义就是将与博物馆收藏品有关的文化创意产品或博物馆开发出的文化创意产品进行销售。近些年来，这些商店的面积越来越大，创造的收入也越来越多。

②尝试与探索中的国内现状

对于文化创意产品市场而言，博物馆的文化创意产品是非常重要的。这在许多西方发达国家已经有了几十年的运作经验，我国却还处在行业的起步阶段。随着文化创意产业发展的逐渐深入，我国也开始重视博物馆文化创意产品的开发与设计。随着我国的博物馆文化创意产品种类越来越丰富，大众也逐渐开始关注博物馆的文化创意产品。故宫在每年的固定时间举办展览活动，积极地听取大众的建议和想法，进而用来研发具有故宫文化特征和自主知识产权的文化创意产品，并将这些产品形成一个系列。

2. 博物馆文化创意产品开发的实现途径

博物馆文化创意产品的开发途径有以下两种：博物馆自行开发、博物馆与其他企业合作开发。

（1）博物馆自行开发

博物馆自行开发文化创意产品指的是博物馆完全自主地对文化创意产品进行研发，从最开始的挖掘资料到后来的选择项目、整理文化内涵，到最后的产品设计都是由博物馆中的专家以及设计师来进行创作的。这种开发模式是最能将博物馆藏品的文化价值以及博物馆的理念体现出来的。博物馆的文化创意产品与市场中的普通产品有很大区别，因为文化创意市场的变化性与文化创意产品的创作核心变化性，每一个被研发出的新产品都有可能不被市场和大众认可，新的文化创意产品开发还会对博物馆的盈利和营销策略产生影响，因此，我们对于博物馆自行开发的模式和流程需要进行更多研究与优化。

（2）博物馆与其他企业合作开发

由于博物馆内部的专家、设计人员和技术人员在创作一些文化创意产品时会出现能力不足的情况，因此博物馆选择了与其他企业进行共同创作的新路径。博物馆与其他企业合作开发指的是博物馆与企业或其他设计团队进行合作之后，凭借已经成功的品牌效应相互作用，给予大众和市场更强的品牌信赖，同时还能帮助品牌扩大目标受众群体，让企业的品牌与博物馆文化创意产品能够同时获得盈利，并提升自身在市场中的价值。在一般情况下，博物馆在选择合作的对象时会优先选择能够进行国际营销的企业或制造商。博物馆授权合作开发通常分为几种形式：文化创意产品的设计授权、文化创意产品的制作授权、文化创意产品的图像授权、文化创意产品的出版物授权、文化创意产品系列的品牌授权。

（三）文化创意产品的纸媒介传播

1. 纸媒的创意设计

作为文化创意产业的一个重要载体，纸媒也面临难得的历史发展机遇。

传统纸媒指的是报纸、杂志等载体为纸张的媒体。但是，随着社会的发展、科技的进步以及互联网产业的飞速发展，电子门户和电子平台已经在人们的生活中十分常见，这种电子网络信息的快速流通性使大众可以在最短的时间之内获取最新的信息，这种信息的快速传播特性对于传统的纸媒行业产生了巨大的冲击。因此，纸媒在此情况下要想继续发展就需要转型，不断寻求突破。

（1）创意设计是纸媒变革的时代要求

创意设计指的是将设计师或设计团队对产品的规划、计划以及想法进行不断深入与拓展，再使用各种视觉形式将其表现出来的活动过程。其中，创意是灵魂，设计是目的。创意设计包括工业设计、建筑设计、包装设计、平面设计、服装设计等许多方面。创意设计除了具备初级设计和次级设计的因素外，还需要加入与众不同的设计理念——创意。

（2）纸媒传统理念与现代思维的冲突与调和

纸媒之所以有如今的低迷态势，网络媒体的崛起是一部分原因，其自身的发展也是一部分原因。一些出版物过于重视文字内容，忽视了受众的审美需求。在19世纪末期，欧洲的一些作家就在是否要在文学作品中插入一些图画和装帧的设计上进行过讨论，一些作家认为装饰是多余的，而另一些作家则认为装饰是必需品。前者认为文学作品就是作家与读者的交流，不需要在其中插入设计师干扰二者的交流，而后者则认为美观的装饰能够帮助文学作品进行更好的内容表达，是对文学作品内容的强化。这个讨论的出现源于装饰对于出版物的从属属性。出版物是由作者与设计师在同一张纸媒上进行演绎的，作者在这里仿佛创造属于自己的世界，他们能够随意发挥，因此设计师就需要尊重作者的设定。久而久之，相当一部分刊物形成了自己的一套以文为本的传统办刊设计理念，装帧设计越来越脱离其对纸媒主体的从属性，逐渐被边缘化。

（3）纸媒版式设计要敢于打破传统束缚

出版物的版式设计是一个系统而完整的过程，它不仅包括封面设计，还包括文字版面内的图片设计、插图设计、文字标题设计、文字的结构设计以及出版物颜色设计等。

出版物版式设计的目的是传递给受众信息，那么设计师需要怎样设计才能够用更加合理、科学、吸引人的视觉形式来整合、传递信息呢？这就需要设计师在设计的过程中思考许多复杂的元素，从而找到视觉形式和出版内容的平衡点。

2. 图书出版的文化创意思路

图书出版的文化创意是与市场经济密切相关的，图书出版需要在市场经济背景下遵守诸多市场规则。但是市场经济是不确定的、多变的、优胜劣汰的，这就需要图书出版的文化创意本身能够不断创新。

图书出版的文化创意需要具备政治的敏锐性，且必须符合国家制定的法律法规。图书出版的文化创意不能为了追求新奇而触犯国家所制定的法律法规。图书出版的文化创意需要时刻谨记遵守国家的法律法规，否则再好的文化创意也会变得毫无意义。

图书出版不仅是一种娱乐方式，更是一种文化创意的体现。在文字与图片的有机结合中，我们可以看到一种积极向上的力量，它能够将教育意义融入其中，使读者在阅读中获得知识和启示，同时，图书出版也要使文字平易近人，让读者能够轻松理解并接受书中的内容，图片则可以将文字所表达的形象直接呈现出来，使阅读更具娱乐性和趣味性。

在图书出版的文化创意方面，我们还应更加注重书籍的经典性。经典的书籍不仅具有极高的文化价值，而且能够长期流传，成为后人学习和借鉴的宝贵财富。

因此，我们在出版过程中要力求打造出经典的作品，为后人留下更多的经典之作。

四、国内文化创意产业的新媒体媒介营销趋势

文化创意产业在当今社会中，正积极地利用新媒体进行推广和销售。这一现象得以实现，主要得益于新媒体的日益普及，以及消费者对新媒体接受度的不断提高。借助于一系列的新媒体渠道，如互联网、社交媒体、移动设备等，文化创意产业能够更好地与消费者进行互动，有效地满足消费者对个性化、多样化的需求。这种新媒体的推广方式不仅加强了消费者与文化创意产品的联系，也进一步推动了文化创意产业的持续发展。

（一）广泛的营销渠道：泛化与组合

新媒体是在数字信息技术基础上产生和发展的，保罗·莱文森将其称为"新新媒介"。与目前新媒体的"势力版图"相伴，文化创意产业新媒体营销涉及几个大的版块。

1. 大数据营销

自2013年以来，大数据在我国的社会经济领域扮演的角色越来越重要。大数据技术带来的详细数据分析和深入洞察，对于推动文化创意产业的发展起到了关键的推动作用。在这个信息爆炸的时代，如何有效地利用大数据，成为众多文化企业所关注的重要课题。大数据营销是大数据技术应用的一个重要领域，它通过预测市场需求和趋势，使企业可以精准投放广告，从而实现更高效的营销。这种营销方式的优势在于，它可以通过对大量数据的详细分析，发现消费者的购买习惯和喜好，从而提供更有针对性的产品或服务。

要实现这种精准的广告投放，多平台采集数据是必不可少的。通过从各种线上和线下的渠道收集数据，我们可以得到更加全面和真实的市场信息，这对于企业经营者来说，无疑是一大利器。可以帮助他们更好地掌握市场动态，精准地定位目标群体，从而更加有效地实施广告投放。大数据技术还可以帮助文化企业更好地理解用户需求。通过分析用户的浏览记录、购买行为等数据，企业可以了解到消费者的真实需求和喜好，从而提供更加符合他们需求的产品或服务。这种个性化的服务方式，可以大大提高消费者的满意度，从而促进企业的长期发展。

大数据技术对于文化企业的发展具有重要的推动作用。通过有效地利用大数据，企业可以更好地掌握市场动态，精准地投放广告，以及更好地理解用户需求。在这个数字化的时代，能否有效利用大数据技术，将直接影响文化企业的竞争力和发展前景。

2. 互联网媒体营销

海尔在 2014 年 1 月转变广告策略，将互联网作为主要的广告投放目标，这就像是一面镜子，反映出互联网和新媒体营销如何在电影等文化创意产业中崭露头角。这一变化不仅是市场趋势的体现，更是对互联网媒体营销发展动态的深度解读。它向我们展示了互联网媒体营销如何巧妙地利用高互动性、低成本和显著效果等优势，从而在产业中发挥出关键作用。

互联网媒体营销方式如同一匹黑马，冲破了传统营销方式的束缚，为我们带来了前所未有的视角。它不仅刷新了我们的思维方式，而且以其快速、灵活、广泛的特点，在近年来得到了迅速发展和广泛应用。

3. 移动媒体营销

移动媒体营销是一种新颖的大众媒介营销方式。它充分利用移动终端设备，如手机、平板等，通过互联网平台进行信息的传播与推广。这一新型营销方式涵盖了文字、图片、视频等多种形式，不仅丰富了文化创意产业的营销策略，而且也为其提供了新的机遇。随着科技的不断发展，移动媒体营销的影响力将会更加深远。

4. 大电视媒体营销

随着科技的飞速发展，电视媒体营销已经与网络等技术相融合，形成了全新的"大电视媒体"格局。数字电视的出现是一场质变，使得电视播放终端发生了翻天覆地的变化，具备网络功能的电视已逐渐成为市场的主流。网络电视的兴起，极大地丰富了电视的内容，为观众提供了更多选择。同时，它还为营销者提供了更多的营销方式，如在线广告、植入式广告和贴片广告等。这些新营销方式的出现，使电视媒体的营销功能得到了进一步的强化。

小米科技有限责任公司等的加入，也让大电视产业变得更加繁荣。这些公司通过提供高质量的电视产品和服务，不断推动着电视媒体产业的发展和壮大。传统的电视广告虽仍然被广泛使用，但随着电视内容的日益丰富，植入式和贴片广告等新型广告形式也得到了进一步的发展。

5. 户外新媒体营销

户外新媒体营销是一种创新的营销方式，它利用户外电子显示屏、楼宇电视和车载电视等新媒体形式，向广大流动人群播放文化产品广告，即时传播演出信息。这些新媒体不仅具有广泛的覆盖面，而且能够直接面对受众，达到更精准的营销效果。

在文化创意产业中，新媒体营销实践已经形成了以个人电脑（PC）网络平台宣传推广和媒介组合化扩散为核心的策略。这些策略旨在通过多元化的渠道和手段，将文化产品和服务推向更广泛的市场。其中，网络广告联盟是一种新兴的商业模式，它将搜索引擎、网站和电商等网络组织集结起来，以实际效果为依据获取广告收入。网络广告联盟的优势在于，它能够将各种形式的广告投放于不同的网络媒体资源上，从而吸引更多的广告商投放广告。这种模式不仅提高了广告的投放效率，而且为文化创意产业提供了更多的商业机会和合作伙伴。通过不断创新和拓展多元化的渠道和手段，我们可以更好地满足市场需求，推动文化创意产业的持续发展。

（二）视觉文化的洗礼：网络视频营销发展迅猛

网络视频营销在当今的文化创意产业中，正扮演着日益重要的角色。通过互联网这个覆盖范围广泛的传播渠道，网络视频成为一种能够迅速影响消费者，达到营销目的的有效工具。在我国，网络在线视频的主要收入来源仍然是广告。视频平台作为广告主和商家宣传推广产品的服务平台，吸引了大量的资金投入。随着网络技术的不断发展，网民观看网络视频的习惯逐渐养成，网络视频媒体的媒体价值得到了显著提升。

网络视频营销具有直观、形象的特点，能够更好地展示产品或服务的特色，有效地激发消费者的购买欲望。同时，网络视频营销还具有信息量大、传播速度快、传播范围广等优点，能够迅速覆盖大量人群，提高品牌的知名度和影响力。随着人们生活节奏的加快，网络视频成为许多人获取娱乐和信息的重要方式。因此可以预见，未来的网络视频营销将继续保持迅猛的发展势头。更多的广告主将会选择网络视频作为他们的营销平台，同时网络视频平台也将不断创新，提供更丰富、更吸引人的内容，来满足消费者的需求。

参考文献

[1] 洛可可创新设计学院. 产品设计思维 [M]. 北京：电子工业出版社，2016.

[2] 林艺，刘涛. 区域文化导论 [M]. 北京：清华大学出版社，2015.

[3] 刘震元. 产品设计程序与方法 [M]. 北京：中国轻工业出版社，2018.

[4] 吴朋波. 旅游纪念品设计 [M]. 北京：人民邮电出版社，2014.

[5] 郑建启，李翔. 设计方法学 [M]. 北京：清华大学出版社，2012.

[6] 高瞩. 工业产品形态创新设计与评价方法 [M]. 北京：清华大学出版社，2018.

[7] 马丁，汉宁顿. 通用设计方法 [M]. 北京：中央编译出版社，2013.

[8] 白远，池娟. 文化创意产业发展比较研究：理论与产品的国际贸易 [M]. 北京：中国金融出版社，2009.

[9] 王受之. 王受之讲述产品的故事 [M]. 北京：中国青年出版社，2005.

[10] 诺曼. 设计心理学 [M]. 北京：中信出版社，2010.

[11] 李鸿祥，张志强. 基于"互联网+时代"的赣傩元素文创产品开发研究 [J]. 鞋类工艺与设计，2023，3（21）：24-26.

[12] 龚俊. 基于文化创意产品设计的视觉媒体艺术设计人才培养策略 [J]. 美术教育研究，2023（20）：147-149.

[13] 林倩，黄春平. 基于心流体验的文化创意产品交互设计研究 [J]. 工业设计，2023（10）：36-39.

[14] 王晓飞. 吉祥文化创意产品设计的符号学解析 [J]. 绿色包装，2023（10）：167-171.

[15] 王晓蕾. 基于地域文化创意开发视角的工艺品设计教学 [J]. 黑龙江教师发展学院学报，2023，42（10）：69-71.

[16] 刘春燕，包明. 甘肃文化旅游产品开发模式思考——评《文化创意与旅游产品设计》[J]. 中国教育学刊，2023（10）：158.

[17] 梁娜. 非物质文化遗产与文化创意产品设计研究 [J]. 鞋类工艺与设计, 2023, 3（18）: 65-67.

[18] 杨爽. 新时代我国文化创意产品设计探索 [J]. 吉林工程技术师范学院学报, 2023, 39（09）: 83-86.

[19] 吴铭, 于彦. 基于巴文化图像元素的创意产品开发设计研究 [J]. 黑河学院学报, 2023, 14（09）: 139-142.

[20] 俞凯, 董睿. 基于王国维文化基因的文化创意产品设计研究 [J]. 工业设计, 2023（09）: 125-130.

[21] 金殷梓楠. 基于高校文化品牌构建的校园文化创意产品设计研究 [D]. 济南: 山东建筑大学, 2022.

[22] 郑一琛. 壮锦纹样的再设计及在文化创意产品设计中的应用研究 [D]. 南宁: 广西大学, 2022.

[23] 李秋影. 吉林地域冰雪旅游文化创意产品设计研究 [D]. 长春: 吉林建筑大学, 2022.

[24] 苏玉. 洛阳宫灯造型元素在文化创意产品设计中的应用 [D]. 呼和浩特: 内蒙古师范大学, 2022.

[25] 崔诗沁. 高校文化创意产品设计与实践研究 [D]. 重庆: 西南大学, 2021.

[26] 杨庭玉. 基于地域文化的创意产品设计研究 [D]. 北京: 中国矿业大学, 2020.

[27] 周媛媛. 以生肖为主题的文化创意产品设计报告 [D]. 长沙: 湖南师范大学, 2019.

[28] 陈中艳. 非遗传承视角下的羌绣图案艺术及其在文创产品中的应用研究 [D]. 桂林: 广西师范大学, 2019.

[29] 杨慧子. 非物质文化遗产与文化创意产品设计 [D]. 北京: 中国艺术研究院, 2017.

[30] 国祺. 符号学视阈下的沈阳故宫文化创意产品设计研究 [D]. 沈阳: 沈阳航空航天大学, 2017.